野菜いためは弱火でつくりなさい

水島弘史

JN264873

青春新書
PLAYBOOKS

もくじ

はじめに
あなたの「弱火」、じつは強火です！

Lesson 01

チキンソテーでわかる、おいしい「火加減」と「塩加減」の新常識

Lesson

02

野菜いためでわかる、素材の味が生きる「超弱火」の新常識

Lesson 03

ペペロンチーノでわかる、ひと味違う「パスタ」の新常識

Lesson 04

トンカツでわかる、絶対に失敗しない「揚げ物」の新常識

Lesson

05

カルパッチョでわかる、ワンランク上の「切り方」の新常識

Lesson

06

ブイヤベースでわかる、煮崩れしない「魚料理」の新常識

Lesson 01
チキンソテー

肉の下にたまる水分を上手にとってあげると、
“皮パリ”になる

Lesson 02
野菜いため

冷たいフライパンからいため始めるのが水島流

Lesson 03
ペペロンチーノ

パスタをゆでるとき塩が足りないと、
本当のアルデンテにはならない

Lesson 04
トンカツ

肉がかたくなり始める50℃近辺を
ゆっくり通過させるために、冷たい油から揚げ始める

Lesson 05
カルパッチョ

食材の切り方ひとつで、料理の味は大きく変わる

Lesson 06
ブイヤベース

最初にしっかり火を通しておけば、
魚は煮くずれしない

カバー・本文デザイン　ＦＡＮＴＡＧＲＡＰＨ
カバー・本文写真　石田健一
構成　小幡恵
本文イラスト　中村知史
本文ＤＴＰ　センターメディア

はじめに

あなたの「弱火」、じつは強火です！

麻布十番のビルの一室、小さな料理教室で生徒さんたちと話をしながら料理をつくるのは、僕にとってても楽しい時間です。みんなお料理が好きで、もっと上手になりたい、もっとおいしいものを家族に食べさせてあげたい、恋人や友だちをビックリさせたい、と思ってやってきてくれます。


「今までで一番上手にステーキが焼けました」

「こんなやり方で野菜いためがおいしくなるなんて！」

「レストランで食べるよりも上手にできた」

生徒さんたちがうれしそうに報告してくれるとき、「あ、うまくやり方を伝えられたんだな」と、先生をやっている僕もホッとしてうれしくなります。

料理教室は僕の勉強の場です。いっしょに料理をつくりながら生徒さんの話を聞いたり、料理の方法を見せてもらっていると、「なぜ今までうまくいかなかったのか」「一般の人はなにが知りたいのか」「なにを教えてあげればいいのか」がよくわかってきます。料理のプロなら「当たり前」と思うことでも、一般の方が知らないことはたくさんあります。

料理教室をやるようになってから初めて知って、ビックリしたことはたくさんあります。

たとえば、火加減。

調理の最中、「ちょっとフライパンの中の温度が上がりすぎたな」というとき、僕は誰でも火を止めるはずだと思っていました。ところが、実際に教室で見ていると、火を止める人より、火を弱めるかフライパンを持ち上げて遠火にするだけという人のほうがずっと多いのです。

「どうして火を止めないの？」

と聞くと、

「なんとなく冷めすぎるような気がして……」

温度が上がりすぎて焦げそうになっているとき、火を弱火にしても遠火にしても、その温度をキープするだけ。温度を下げたいなら、火を消すしかありません。

「弱火にしてください」といっても、生徒さんの火加減は「それ、どうみても強火」ということがある。**コンロのつまみの「弱、中、強」という文字だけ見て、炎の様子はまったく見ていないという人がほとんど**です。

また、本人は「ひとつまみ」の塩を入れているつもりでも、客観的にみると「それはひとつかみです！」という場合もあります。

僕たちプロには当たり前のことでも、こういう勘違いや誤解はずいぶん多いもの。

この手の一見小さな誤解が積み重なると、大きな悲劇が起こります。

とくにその誤解が「火加減」と「塩加減」に関するものだった場合、悲劇は時として大惨事につながります。まあ、そこまでいかなくても、「なんとなくイマイチ」「やっぱりお店みたいにはいかないよね……」というとき、その**ほとんどの原因は、塩加減か火加減のどちらが間違っている**のです（両方間違ってることもあります）。

料理歴が長く、腕にそれなりの自信があるという人でも、この誤解と思い込みのせいで、腕がそれ以上に上達しない場合が多いようです。

火加減、塩加減の誤解が悲劇を生む

じつは、料理がイマイチなほとんどすべての理由は、火加減と塩加減の間違い。それさえしっかり覚えれば、だれでも必ず上手につくれます。

ちょっとだけ、答えを教えましょう。

ハンバーグの焼き方について、「強火で周囲を焼きかためて、焼き色がついたらフタをして弱火にする」という人、いませんか？　そんなことをするから、外だけ焦げて中が生焼けのハンバーグになってしまうのです。あなたが強火で「閉じ込めた」のは、うまみじゃなくて臭みとアク。

ハンバーグは冷たいフライパンから弱い中火で焼き始め、そのまま中までゆっくり火を通せばそれでいいのです。


もうひとつ例を挙げましょう。やっぱり「どうも苦手」とおっしゃる方が多いペペロンチーノ。ニンニクと唐辛子とオリーブオイルだけでつくる、最もシンプルなパスタのひとつですよね。

「家でつくるとなんだか味がはっきりしなくて、やたら油っぽい」

という方が多い。

そこで、「じゃあ、いつも通りパスタをゆでてみて」

とお願いして見ていると、彼女は大きな鍋に大量のお湯をわかし、そこにパスタを1人前投入。塩を親指と人指し指の間でつまみ、パラパラと2回ほど入れました。

「袋に『標準ゆで時間9分』って書いてあるけど、アルデンテにしたいから8分でザルにあげてます」

はい。ここまでで、彼女のペペロンチーノが「イマイチ」で「味がはっきりしない」で「ベタベタ」な理由がはっきりわかりました。

原因はズバリ「塩」。

塩がまったく足りていないのです。あとからソースで味つけをするから、ゆで汁の塩なんてあまり気にする必要はない、なんて思ったら大間違い。**パスタは、ゆでる段階でしっかり塩味をつけなくては、おいしくなりません**。

「うまみ」があれば塩はほとんどいらない、とかいうのは大ウソ。ほとんどの料理の味は塩で決まります。適切な量の塩があってこそのうまみなのです。

「適量」というのは「テキトーな量」ではなく、「適切な分量」のことです。

レシピ本の「塩少々」が諸悪の根源!?

身近な料理なのに、なぜこんなに誤解と失敗が多いのでしょう?

料理番組、雑誌、レシピ本、さらにインターネットのレシピサイトなど、いくらでも「情報」はあります。それでも、日本中の人が「肉は最初に周囲を焼きかためてうまみを閉じ込める」というのを信じて、律儀に実行しては失敗しているのです。

どうも多くのレシピは、一番大事なところがアバウトで、ものによっては完全に間違っていることが多いように思います。

よく読めば、レシピによっては「じっくり中まで火を通して」と書いてあるものもちゃんとあるのです。ところがどういうわけか、ほとんどの人がいきなり強火で周囲だけ焼きかためてしまおうとするのです。なんの思い込みなのかなあ、と不思議です。

レシピ本といえば、塩加減についての表記がこれまたじつにあいまい。

たとえば「塩ひとつまみ」「塩少々」「塩適量」「塩コショウで味をととのえる」「全体に塩をふって」「薄く塩をふる」……。これ、何gの塩のことだかわかりますか？　僕にはさっぱりわかりません!!

塩加減というのは、ほんとにおいしさの基本になるもの。その塩加減がなぜこんなにあいまいに表現されるのかは謎です。

ハンバーグでも、ひき肉といっしょにこねる塩の量がまず重要。それにもかかわらず、「ひき肉200g、塩コショウ少々」なんて書いてある本があります。コショウは入れなくてもかまわないので「適量」でもいいけど、塩には入れるべき最適な分量があります。「『少々』っていったい何g?」と全力で突っ込みたくなります。

これはあとでご説明しますが、私がオススメする塩の量は「こねる材料の合計(g)×0・008」です。つまり0・8%。

細かすぎ? そう、細かいんです。

塩加減は、味つけにおいて最も繊細で、おろそかにしてはいけない料理の基本。それなのに、レシピ本には塩の分量があいまいに書いてあるから、読む方も「だいたいでいいのね」「目分量でいいや」と思ってしまうのではないでしょうか。

「塩はテキトー」に慣れてしまっているものだから、ちゃんと「塩2g」と書いてあっても、「足りなければ後でちょっと足そう」と思って、正確に計量する人のほうが少ないのかもしれません。「目分量」と「勘」で塩2gをはかれるようになればプロですが、それって普通はムリでしょ？

しかも、レシピ本というのは塩に限らず、分量の単位がとてもわかりにくい。「大さじ1」、「小さじ3分の2」、「1・5カップ」、「1合」などという場合もあれば、「g」、「ml」、「cc」を使う場合もあります。これは本や雑誌によって違ったり、教える人によって違ったりするからとてもややこしい。さらに、「ひとかけ」、「ひとつまみ」、「少々」、「適量」なんて表現が加わるのです。

大さじ1の塩は何gか？　大さじ1のオリーブオイルは何ccで何gか？　すぐにわかる人はあまりいないでしょう。

おいしい料理に「慣れ」はいらない

「先生、ハンバーグのつくり方ひとつでも、本によってぜんぜん分量のバランスも違うし、こね方も、焼き方も違います。なにを信じればいいんですか～」

最近はほんとうに情報が多すぎて、レシピを選ぶのもひと苦労でしょう。僕は迷える子羊の皆さんを、なんとかおいしい草の生えた草原にお連れしようと思っているのですが、その「道しるべ」となるのは、工夫でも熟練でもありません。目分量や勘でもない。

最も必要なのは、「火加減のルール」「塩加減のルール」、そして「切り方のルール」をちゃんと知っておくことです。

さらに、ルールの「理由」をきちんと理解しておくこと。肉を加熱するとなにが起きるのか、塩分の少ないお湯でパスタをゆでるとどうなるのか――。

料理のルールにはみんな科学的な理由があります。たとえば、肉をやわらかくジューシーに仕上げたい場合、「弱めの中火でゆっくり加熱」することが必要ですが、それは動物の肉の細胞膜、筋膜が40～50℃で最も収縮して縮みやすくなるから。

この温度帯を強火で急激に通過させると肉は縮んで反り返り、中の水分は外に押し出されてしまいます。この温度帯をなるべくゆっくり通過させるために、中弱火でじっくり加熱する必要があるのです。

塩分のルール、切り方のルールも同じ。

「おいしい」にはちゃんと科学的な理由があるのです。

料理は科学です!

タンパク質がかたまる温度、アミノ酸が増える温度、コラーゲンがゼラチンに分解される温度など、これらはすべて「肉のおいしさ」にかかわります。**科学的に正しい火加減、塩加減で加熱すれば、肉は劇的においしくなる**のです。

僕は、教室を訪れてくる迷える子羊の皆さんに、こうお話しています。

おいしい料理をつくるには、工夫も熟練もいりません。

お伝えしたいのは、「料理は科学」だということ。化学であり物理学であり力学でもある——。そもそも、生命活動自体が膨大なタンパク質、酵素などによる化学反応。動植物を調理し、それをおいしくいただくという行為が科学的だというのは当然といえます。

あまり難しいことまで覚える必要はないけれど、「おいしくなる理由」「まずくなる理由」がだいたい飲み込めれば、いろいろなレシピを見て「どこが一番大事な部分か」を理解できます。そして、自分で多少アレンジできるようにもなります。そこではじめて「手抜き」ができる場所もわかる。

肉を焼くときの火加減のルールがわかっていれば、それがハンバーグでもステーキでも焼き鳥でも、すべて応用できるというわけです。


この本では、ごくシンプルな料理のつくり方にそって、いまお話した3つルールなどについて説明していこうと思います。

まずひと通り読んでみて、それからレシピにそって「実験」してみてください。

「うそーーー」「マジで⁉」と思うかもしれませんが、常識と経験と思い込みを忘れて、キッチンに立ってください。

そう、だまされたと思って‼

Lesson_01

チキンソテーでわかる、おいしい「火加減」と「塩加減」の新常識

正しくはかると料理は急にうまくなる

さて料理教室を始めましょう。

まずはチキンソテー。焼いた鶏肉を塩味で食べる。これ以上シンプルなメニューはない！　というくらいにシンプルです。

スーパーで売っている特売の鶏肉でだいじょうぶ。モモ肉でもムネ肉でもかまいません。

「ムネ肉はパサつく」といやがる人が多いですが、だいじょうぶ。できたら、モモ肉、ムネ肉を1枚ずつ、同じフライパンで同時に焼いて、同じやり方でどの程度食感などに差が出るか試してみてください。

どちらも皮つきのものを使いましょう。上手に焼けると皮はパリパリ、中はビックリするほどやわらかくてジューシーに仕上がります。

ムネ肉はモモ肉より脂肪が少なく、ローカロリーですが、水分が少ないわけではありません。だから、ちゃんと焼けばパサパサになったりすることなどないのです。

味つけは塩だけ。あえてコショウも使わずに焼いていきます。

「じゃあ、肉に塩をふって、油を引いたフライパンを熱くしたら焦げ目をつけて、それから弱火で火を通せばいいのよね」

はい、ストップ！

料理を始める前に、あなたのキッチンにある道具を確認してください。

まず「計量スプーン」と「キッチンスケール」、それから「電卓」を出しておきましょう。計量スプーンは0・1cc、キッチンスケールは0・1gまで測れるもの。なに、電卓以外持ってない？？？　高い鍋を買うより、とにかくこのふたつはすぐそろえてください。

キッチンスケールはデジタル表示で「0・1g」の単位まではかれると便利です。「塩5g」をはかるとき、目盛りが1g単位だと四捨五入で4・5gも5・4gも「5g」と表示されてしまうからです。僕が使っているのは最大3kg、0・1g単位のキッチンスケールですが、2000～3000円程度。高いお鍋で料理はうまくなりませんが、ちょっと高い秤《はかり》を買うと必ずうまくなります。

計量スプーンも、おなじみの大さじと小さじは誰でもお持ちでしょう。大さじは15cc、小さじは5cc。小さじ2分の1がはかれる2・5ccのものを持っている人もいるかもしれませんが、必要なのはもっと小さい1cc、そしてその10分の1の0・1ccのものです。0・1ccなんてもう耳かきみたいですが、塩加減というのはほんとうに繊細なもの。小さなスプーンで、正確にすり切り1杯をはかってください。

肉などにふる場合は、左手でスプーンの柄の後ろ端を持ち、スプーンを肉の上で動かしながら、右手で柄の中央あたりを軽くトントンとたたきながら少量ずつ落としていきます。

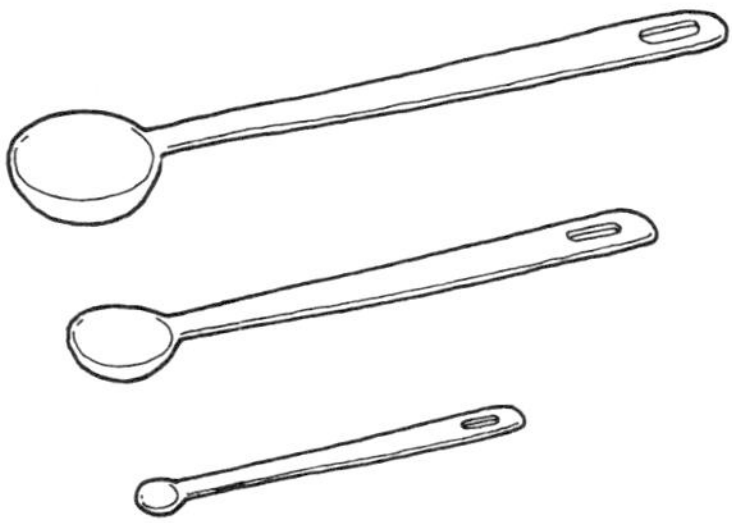

塩をちゃんとはかることが、おいしさの第一歩

塩は味の決め手。**これらの計量スプーンは必ずキッチンに常備してください。**

塩をちゃんとはかることが、「おいしい」の第一歩になるのです。

ちなみに、あとに出てくる揚げ物では油温計を用意しておくと、きっと上手にできます。揚げ油の温度を「勘」で知るのはとてもむずかしいからです。

家庭のコンロは火力が強すぎる！

実際に肉を焼き始める前に、まず「火のルール」を説明しておきましょう。

みなさんはふだん料理をするとき、「火力」にどれくらい気を使っているでしょう？

フライパンを火にかけたら最初は常に強火、お湯をわかすのも強火、煮物が噴きこぼれそうになったら弱火、煮物が焦げつきそうになったらとろ火、という程度で調節している人が多いのではないかと思います。

でも、そもそも「強火」とか「弱火」って、「どれくらい」かわかりますか？

最初によーく知っておいていただきたいこと。

それは、「家庭のコンロは火力が強すぎる」という事実です。

ほとんどの人はビックリすると思います。これまで、「プロ用と違って、家庭のコンロは火力が弱いから肉が上手に焼けない」といったことを聞かされていませんか？

この誤解が、家庭料理で失敗する大きな原因です。

そもそも、**料理における「強火」というのは、フライパンや鍋の底に当たる熱の量のこと**。コンロの炎を最大にして、どれだけ高くあがるかということではありません。

たしかにレストランの厨房にあるガスコンロを最大にすると、家庭のコンロより高く盛大な炎があがります。でも、ちょっと注意して見るとすぐわかりますが、プロのコンロは火口（炎が噴き出す部分）と鍋の底の距離が家庭のものよりずっと離れていて、「遠火」になっている。要するに**「五徳」の高さが違う**のです。

火力が勝負といわれる中華料理にしても、火口の上に鍋をずっと乗せて加熱するわけではありません。すばやく混ぜ、フライパンをあおって食材を浮かせることで火口から遠くなるようにして、輻射熱《ふくしゃねつ》で調理しているのです。

家庭のコンロは五徳がとても低いので、強火にしてフライパンを置くと、フライパンのふちからはみ出すほど炎があがります。

五徳が低いため、炎を多少弱くしても直接底に当たります。中火くらいで調理しているつもりでも、フライパンをコンロにのせたままでは火力が強すぎるのです。

だから肉や魚が縮んだり焦げたりする。「家庭のコンロは火力が強すぎる」というのは、そういう意味です。フライパンや鍋が、非常に高速で高温になりやすいのです。

多重構造のフライパンや鍋の場合は温度の上がり方も遅くなりますが、1000円前後のテフロン加工のフライパンやアルミの鍋

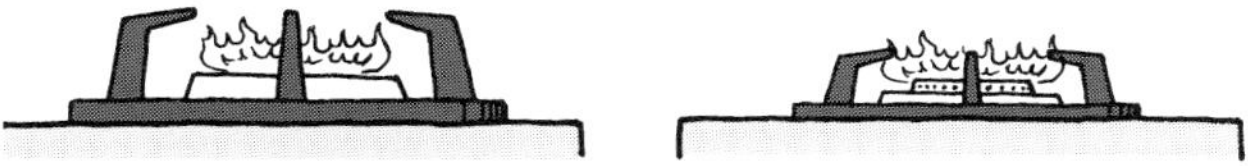

同じ炎の量でも、五徳の高い業務用コンロは遠火になる

などは、あっという間に底が高温になります。

料理をするときに、「炎の大きさ」だけを調節しても意味がありません。たいせつなのは、炎と鍋やフライパンの底の間にあるていどの距離をとることです。

炭火などで肉や魚を焼くと、とてもおいしくなります。この場合、食材は炎から少し離して焼いて、炎の中に入れたりしませんよね？　炎に近いと、空気が対流して食材が加熱されるため、焼きむらができてしまうのです。熱源から少し離して赤外線の輻射熱で加熱することで、肉も魚も均一においしく焼けます。

フライパンの場合もまったく同じ。炎からフライパンを少し離して、直接の熱伝導ではなく、目に見えない輻射熱で底を加熱するようにすれば、誰でも料理が上手になります。

「強火」を使うのは、お湯をわかすときだけ!?

プロのコンロはもともと五徳が高いため、炎がうんと出ているように見えても、実はフライパンの底とはけっこう離れています。そのため見た目ほどにはフライパンの温度が上がらず、焦げないのです。

つまり、**なべ底と炎が近い家庭のコンロで調理する場合、「強火」にする必要はほとんどない**ということです。プロと同じように仕上げたければ、とにかく強火をやめること。

肉を焼く場合も、魚を焼く場合も、最初から最後まで「弱火〜弱めの中火」が原則。お湯をわかすとき以外、家庭のコンロに強火の出番はほとんどない、と思ってください。

「立ち消え防止機能」があるコンロの場合、弱火にすると自動的に火が消えてしまうことがあります。こうした場合は、足つきの網の上にフライパンをのせ、底と火口を遠くする工夫をしてください。炎は中火でも、鍋底との距離があれば弱火と同じことです。

火加減を調節するときは、コンロのつまみを見てもダメ。フライパンや鍋の底と、炎の距離を見てください。

あなたが思っている「中火」は、じつは強火ではありませんか？　あなたの「弱火」は中火では？　火が強すぎると、肉はあっという間に焦げるか、縮んでかたくなってしまいます。

フライパンや鍋の温度は、炎の大きさではなく鍋底との距離で決まる

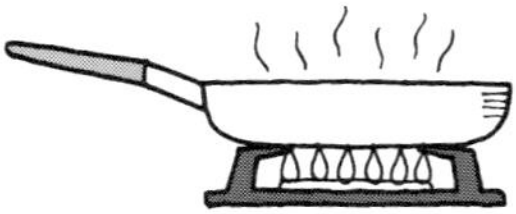

中火
炎がちょうど鍋底についた状態

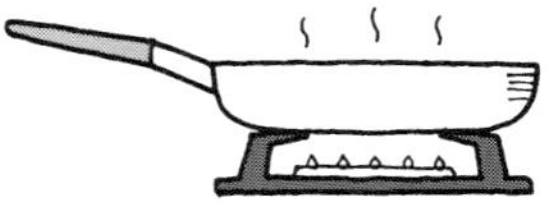

弱火
炎が鍋底にまったくつかない状態

強火
炎が鍋底全体に直接当たり、周囲にはみ出さない状態

弱い中火
炎が鍋底にギリギリでつかない状態

適切な火力を食材に伝えることが、おいしい料理をつくる大前提。「弱火の力」をもう一度見直してみてください。

「弱火で料理すると、時間がかかるんじゃないの？」

と思われるかもしれません。たしかに時間はかかりますが、**弱火であれば〝放置〟しておけるので、その間に別のことをしていればいいだけ！** あわてず、落ち着いて料理できるし、その間にもう一品つくってしまうことだってできます。もちろん、つくりながらあとかたづけを始めてしまってもいいのです。

「フライパンを熱してから焼く」のはやめましょう

では、なぜ強火だと肉がおいしく焼けないのかを考えてみましょう。

よくある失敗の第一歩は、「フライパンを熱してから油を引いて、肉を入れる」こと。フライパンを熱するのが悪いわけではありません。急激に熱することがいけないのです。熱くなったフライパンに肉を入れたら、あっという間に肉の表面は焦げ始めます。皮は縮んで丸まるし、薄い肉は波打って反り返ります。

肉も魚も同じですが、動物の肉（タンパク質）に急速に熱を加えると、細胞が急激に収縮します。細胞が収縮することで水分は居場所を失い、外に出ていってしまう。アクや臭みが残ったまま表面だけに焼き色がついて、中は生焼けになります。

そのあとフライパンにフタをして蒸し焼きにしてみても、火が中まで通るころにはすでに水分が失われ、肉はパサパサ。ヘタをすると、水蒸気で表面はベチャベチャです。こんなチキンソテー、食べたいですか？　つい、ソースなんかをかけてゴマかしたくなってしまうかもしれません。チキンソテーのはずが、「えーい、トマトソースかけちゃえ！」と、いつの間にかトマト煮込みになっていたり……。

どうすれば身が縮まず、水分を保ったまま、中はふっくら外はこんがり焼けるのか。答えはたったひとつ。「ゆっくり加熱すること」です。

細胞の収縮率は、温度が上昇する速度に比例します。肉を焼くとき、フライパンの表面温度を同じ150℃にするにしても、強火で1分かけて室温から150℃にするか、弱火で10分かけて150℃にするかによって、焼き上がりはまったく異なります。

肉がかたくなるのはコラーゲンを含む細胞膜、筋膜、結合組織などの「筋繊維」が要因。筋繊維は45~50℃で収縮しはじめますが、これは生体の自然な反応です。

一度かたくなったものは元に戻りません。つまり、50℃前後のところをできるだけゆっくり通過させることが重要です。ゆっくり加熱すると、アクや臭みもこの温度前後で抜けていきます。

鍋料理などのときにも大量に出てくる「アク」ですが、沸騰しないと出ないと思っていませんか？　実はこれも大間違い。**50℃前後のお湯にしばらくつけておくだけでも、アクはほとんど抜けてしまいます。**

僕はときどき教室でこんな実験をします。

お湯に豚か牛の薄切り肉をさらして、50℃までゆっくり温度を上げる。肉をとり出してお湯を見ても、アクが浮いているようには見えませんが、このお湯を火にかけて沸騰させると、アクが白くかたまって浮き上がってきます。おなじみの状態ですね。

鍋の場合も同じことで、水炊きなどは水の状態から素材を入れ、ゆっくり加熱していけば、実は50℃ぐらいのところで数分おいておけば9割ぐらいのアクはもう出てしまっているのです。ところが、鍋料理などの場合はあっという間に50℃を通過してしまうため、沸騰したところでアクが出てくるような気がするだけなんです。

しゃぶしゃぶでも、すき焼きでも、実はあらかじめ50℃でアク抜きをした肉を使えば、食べている最中に、誰かが必死で「アクとり」に励む必要はありません。

50℃というのは、だいたい生物の「生体温度」より10℃高い温度。人間だと生体の体温は36℃ですが、牛は40℃弱（「牛肉を常温に戻して」という場合は室温ではなく、この「体温」のことです）。ここを超えると、肉に変化が起こりはじめると考えてください。

まずは色が変わりはじめます。**一番だいじなのが常温プラス10℃の50℃前後。この温度帯で、アクが出る、タンパク質がかたまる、縮みはじめる、うまみが出てくる、味が内部に入る、といった変化が起こります。**

つまり、この温度帯をどう乗り切るか、ここで何をするかが大きなポイントになるということです。

肉を強火で焼きかためるとアクを閉じ込めてしまう

冷たいフライパンに冷たい肉をのせ、弱火でじっくり加熱し、50℃前後をゆっくり通過させると、肉は大きく縮みません。最初に肉の表面に近いところにあるよけいな水分、アク、臭みが出てくるので、それを取り除いてできるかぎり素材の細胞内にある水分を温存すれば、中までしっかり火を通しても肉や魚はやわらかく仕上がります。

しかも、タンパク質が分解してできたアミノ酸は糖と結びついて、おいしいうまみと風味をつくり出します（メイラード反応）。キツネ色になると出てくる香ばしい香りとうまみがメイラード反応の「効果」です。味噌や醤油、コーヒー、カラメルソースの香ばしさも、メイラード反応によって生まれたもの。かんたんにいうと、茶色の焼き色（焦げ）によるおいしさのことです。

この反応は温度と時間で制御できます。つまり高温で加熱するとすぐ焦げて、低温でじっくり加熱すると焦げるまでには時間がかかる、ということ。高温のフライパンだとすぐ焦げ茶色の焼き目がつきますが、中まで火は通りません。ゆっくり加熱してじっくり中まで火を通しながらメイラード反応を進行させ、適度に焦げ目がついたところで火を止める。そうすれば、ちゃんとうまみが生成されているというわけです。

要するに「強火＝苦い黒こげ」、「弱火＝香ばしいキツネ色」となるわけ。

じっくり低速で焼けば、やわらかくジューシーなだけでなく、肉はうんとおいしくなっているというわけです。

低温調理より「低速調理」が大事

食材を加熱調理して、いっさい水分を外に出さないということは不可能ですが、できるかぎり水分を残すのがいい調理法だということです。そのもっとも単純で効果的な方法が、「ゆっくり加熱すること」。

ルクルーゼをはじめとする鋳物《いもの》ホーロー鍋や、多層コートのフライパンがもてはやされるのは、同じ火力でも熱が急激に伝わりにくく、素材の温度上昇がゆっくりになるからです。普通の鍋やフライパンを弱火にして調理するのと、理屈はまったく同じこと。

「低温調理」は失敗しない、おいしいといわれますが、むしろ大事なのは「低速調理」です。低温調理は、タンパク質が分解され始める70℃を最高として、それ以下で調理する方法。しかし、いくら70℃以下で調理しても、室温から70℃までを駆け足で通りすぎてしまうと、肉の中がなんだか冷たかったり、臭み

弱火でじっくり加熱を続けると、肉はこうなる！

20℃前後	室温
40℃前後	常温（動物の生体温度＝体温）を超えると色が変わり、少しずつ縮みはじめる
50℃前後	筋繊維が収縮してかたくなり、細胞外の水分とともにアクが外に出てくる
70℃前後	肉のタンパク質が分解されてアミノ酸（うまみ）に変わる
80℃前後	コラーゲンがゼラチンに変成、さらにやわらかくなる
180℃前後	香ばしい焼き色がつく

が残ったりすることになります。

「低温」より「低速」を心がけてください。

低速調理は時間がかかるから、忙しい方はムリだと思うかもしれませんが、せいぜい10分、15分のこと。肉を焼きながらサラダの準備をしたり、食器の用意もできますから、むしろ効率がいいと思います。弱火ですから、ちょっと目を離しても絶対に焦げません。

なんとなくおわかりいただけたでしょうか？

今日から、「フライパンを熱してから焼く」という常識は忘れましょう。

空のフライパンを強火にかけると表面はあっというまに熱くなり、そこに素材を入れるとすべてはかたくなる、と思ってください。

フライパンにかける火は、今日から常に弱火、または弱めの中火。これで調理すれば肉も魚もおいしく焼けるし、フライパンも傷みません。焦げつかないので、お手入れもちょっとふくだけでOK。ついでにガス代も節約できます。すばらしいと思いませんか？

塩加減が正しければ料理は〝ほぼ成功〟

早く焼きたくなってきたでしょう?

でも、もうちょっとガマンしてくださいね。火加減に続いて、もうひとつ大切なことをお話しておきましょう。

チキンソテーの味つけは「塩だけ」で、コショウもソースもナシ。

どんな料理であれ、すべての味つけの基本は「塩」です。

野菜をゆでるときも、サラダを和《あ》えるときも、肉を焼くときも、魚を煮るときも、パスタをゆでるときも、とにかく大事なのは塩!!

複雑な味のソースを使うフレンチも、実はまったく同じです。凝ったソースもブイヨンも、味をより深くリッチにする「プラスアルファ」でしかありません。きちんとした塩味と素材のうまみを引き出したうえでのソースなのです。

料理の味が「イマイチ」「決まらない」という場合、そのほとんどは塩加減の失敗です。

Recipe

塩だけでシャッキリ
おいしいアスパラガス

作り方

1 お湯を沸騰させる
2 グリーンアスパラを30秒ほどゆでて色鮮やかになったら取り出す
3 0.8%の塩水に5〜10分つける
4 水気をふきとり、ゆであがったアスパラの重さの0.8%の塩を加えて全体に和える

塩だけで、どれだけおいしいゆで野菜ができるか知っていますか？

上のレシピで一度つくってみてください。

これだけです。色鮮やかに仕上がった野菜はいつまでも色落ちしませんし、時間がたってもシャキッとしています。しかも、よけいな味つけをしなくてもきちんと分量をはかった塩をつかえばそれだけでも十分おいしくいただけます。

つい、料理のおいしさは「だし」「スープ」で、「だしが出ていれば塩味は薄くてもだいじょうぶ」などと言われがち。ですが、だしもスープも、本来後から加えるものではなく

素材の中に水分とともに入っているものです。

素材の水分を温存し、適切な量の塩を使えば、それだけで料理は十分おいしくなります。あくまでも、おいしさの基本は塩なのです。

人間の舌にとって「おいしい塩加減」は、本能が知っています。**本能的に「おいしい」と感じる塩分濃度は、食材の重さの0・8%〜0・9%前後。**実はこれ、**人間の体液の塩分濃度とほぼ同じ**です。つまり生理食塩水の濃度に近いということ。

これが「おいしい！」と舌が自然に感じる塩加減なのです。

〝浸透圧〟がわかると料理の腕がワンランク上がる

なぜ、この濃度の野菜や肉がおいしいのか。

その理由は、浸透圧というものがあるからです。浸透圧の例によく挙げられるのが「青菜に塩」。野菜に塩を振ると、水分が外に出てきてしんなりします。野菜の細胞内の水分が浸透圧でより塩分濃度の高い外部に移動し、そのせいで野菜がしんなりしてしまう。この作用を利用したのが、「キュウリの塩もみ」というわけです。

　保存食の魚の塩漬けも同じ原理。魚の水分を外に出してしまうことで菌の繁殖を抑え、日持ちさせるという知恵です。

　水分が減ることでうまみが凝縮されておいしくなる、という効果もあります。これは魚の干物のおいしさの理由のひとつ。まさに一石二鳥ですね。


　かたい野菜をゆでるとき、真水で長い時間ゆでると煮崩れてしまいます。これは、外部より野菜の内部のほうが塩分量が多いから。つまり、ゆでているうちに外部の水分が野菜の中に入り込み、ぐずぐず

野菜を煮るとき、浸透圧がどう関係するか

お湯の塩分濃度＜野菜の塩分濃度（低張圧）	水っぽく煮くずれる
お湯の塩分濃度＝野菜の塩分濃度（等張圧）	野菜の水分は変わらない
お湯の塩分濃度＞野菜の塩分濃度（高張圧）	野菜の水分が失われる

この使い分けをすることが、おいしい調理のポイント！

になってしまうのです。逆に塩を入れすぎると、内部の水分が外に出てしまいます。**シャキッとゆでるには、野菜の内部とゆで汁の塩分濃度を同じくらいにすればいい**のです。ちょうど内外が釣り合う塩分量が0・8％前後。この濃度のお湯でゆでると、野菜の水分が外に出ず、中にも入らず、もとの状態を保持できます。

肉を焼く場合もまったく同じこと。

植物も動物も人間を含めたほとんどの生物で、細胞の塩分濃度は0・6～1％。ですから、そのほぼ中間の0・8％前後ですべての料理はおいしくなると考えてください。

チキンソテーが〝皮パリ〟になる原理

今お話しした塩加減と火加減。このふたつがうまくいっていれば、どんな料理も失敗はしません。

お待たせしました！ ここでやっと、調理に入ります。

今までの常識をいったんすべて捨ててやってみてくださいね。

肉と塩は神経質すぎるほど厳重に計量してください。何度もつくって慣れたら目分量でもかまいませんが、最初につくるときはちゃんとはかりましょう。火加減も、しっかりフライパンと火口の距離を真横から見て調節してくださいね。


さて、準備するのはこれだけ。

・鶏肉　モモでもムネでも皮つきのものを1枚ずつ
・塩　肉の重さの0・8％

焼く前の肉を計量し、メモしておきます。

次に、肉の重さの０・８％の塩を正確にはかり、肉の裏表全体にまんべんなくふっておきます。

塩味がついた肉を、テフロン加工の冷たいフライパンに皮を下にして乗せてください。

テフロン加工ではない場合は、肉全体にごく薄くサラダオイルを指で塗っておきます。

焼く前に肉に切れ目を入れて均一な厚さにするとか、火が通りやすいよう切れ目を入れるとか、皮に穴を開けるとか、脂を取り除くとかいう作業はいっさい不要です。

ただ、皮が部分的にクシャクシャに丸まっていたりする場合は、ちょっと引っ張って伸ばしておきましょう。


肉を乗せた冷たいフライパンをコンロにかけて、弱めの中火にします。

冷たいフライパンに肉を入れるなんて！　と思うかもしれませんが、まずは僕のいうとおりにやってみてくださいね。

しばらくすると「シューー」という音がし始めるので、そのままの火加減を保ってください。**「パチパチ」という音がして水分がはじけ飛ぶようだったら、火が強すぎ。なにも音がしないようなら弱すぎ**です。

「シューー」を保っていると、数分で肉からだんだん水分や油が出てきます。フライパンを傾けるとサラサラした初期水分が流れるので、たたんだキッチンペーパーを菜箸やトングではさみ、ていねいに吸い取ります。

最初に出てくるのがアクや臭み。最初の数分でひととおり吸い取ったら、あとはそのままでだいじょうぶです。余分な水分は加熱によって蒸発してしまいますから、アクをとったあとは神経質にふきとる必要はありません。

ただ、皮目の下に水分がたまるとフライパンと皮の間が蒸れてしまい、皮がパリッと仕上がりにくくなります。ときどき肉を持ち上げて、皮の下の油や水分をふいてください。

焼くことで皮に熱が伝わり、余分な水分と脂肪分が流出します。皮のコラーゲンがゼラチン化し、それがさらに薄くクラスト状になったのがいわゆる「皮パリ」。

ただ美味しそうに焼き色がついているだけではダメなの

皮の下にたたんだキッチンペーパーを入れて水分をとる

です。

重さが焼く前の約8割になれば完成

しばらくはこのまま放置です。肉を側面からみて、厚みの8割ぐらいの高さまで白っぽく火が通って、皮に焦げ目がついてきたらひっくり返してください。さらに数分加熱し、横から見て全体の色が白く変わったら、菜箸のお尻で側面をちょっと押してみましょう。肉の表面に弾力があって菜箸を押し返すようだったら、もう中まで火は通っています。「皮の面を10～15分、裏返して2～3分」というのが目安と考えてください。

よく、竹串を刺して出てくる肉汁が澄んでいたらOKとか、金串を刺して先端を唇に当てて冷たくなければ焼き上がり、ともいわれますが、この基準はなんだかわかりにくいですよね。

鶏肉だったら、断面の表面を押して弾力があればあとは余熱で十分です。

このとき、肉の重さをはかってみてください。焼きはじめのほぼ80～85%の重量になっているはずです。アクをペーパーで吸い取り、水分がある程度蒸発し、肉の中まで火が通った状態になると、重さは焼く前の約8割になっています。

この方法だと、肉の厚みにもよりますが、焼き上がりまでの時間は15分〜20分程度。うんと肉厚の鶏肉だと25分以上かかるかもしれません。「遅い！」と思っても、ぜったいに強火にしないこと。「強火で短時間の調理」は、水分もうまみも失われます。「弱火で長時間の調理」こそが、おいしい肉のルールです。

皮がパリパリな状態になっているでしょう？

外側だけが焦げても皮の水分が残っていると、表面はいい色でも皮の裏側のほうはまだベタベタ、という感じになって「パリッ」とはいきません。弱火でじっくり焼いてこその「皮パリ」です。

こうして焼いた鶏肉は塩味だけでとてもおいしい一品になります。最初はコショウもソースも使わず、このまま切り分けて食べてみてください。　あれ？　ムネ肉なのにモモ肉

Recipe

ジューシーに仕上がる 鶏ムネ肉のソテー

材料

鶏ムネ肉（またはモモ肉）	1枚
塩	鶏肉の重さの0.8％
サラダオイル	少量（なくても可）

つくり方

1 肉の裏表全体に、塩をまんべんなくふってしばらくおく
2 肉全体に薄く油を塗る（フライパンがテフロン加工の場合は省略）
2 冷たいフライパンに皮目を下にして肉を乗せ、弱めの中火にかける
3「シューー」という音がする温度を保ち、最初のうちに出てくる水分、油をふき取る
4 肉の厚みの7～8割の色が変わって白くなったら、裏返して焼き色をつける
5 最初の重さの80～85％になっていたら焼き上がり

みたい、と思うはずです。パリパリの皮は香ばしく、肉には油っぽさも臭みもないはずです。うまくいったでしょうか？

ビーフステーキはまずウェルダンをマスターする

肉の焼き方の基本中の基本を鶏肉のソテーでご紹介しました。

次は、牛肉のステーキを焼いてみませんか？　鶏肉と違い、牛ステーキは「レア」「ミディアム」「ウェルダン」と、好みによって焼き加減を変えたいものです。鶏肉は中まで火を通し、ややピンク色が残るぐらいのウェルダンでいいと思いますが、牛ステーキは、もっと赤味の残るレアが好きな方もいます。

ステーキで一番多い失敗は、肉の中心が冷たいミディアムやレアになってしまうこと。

牛肉のタタキではないので、どんなにレアでも中までちゃんと温まって仕上がる必要があります。ウェルダンはほとんど鶏肉のソテーと同じなので、最初はウェルダンで焼いてみましょう。

基本は鶏肉のソテーとまったく同じ。冷たいフライパンにきちんと塩をした肉を乗せて、弱めの中火にかけて、じっくりじっくり焼く。これだけ。

少しくわしく説明しましょう。

まず、生の牛肉にサラダオイルをまぶして全体になじませてください。

油をまぶす、というのは、油っこくするという意味ではありません。むしろ**油によって余分な油を落とす**効果があります（油は、油によって落ちるのです）。ファンデーションを落とすとき、オイルを使うのと同じ原理だと思ってください。

また、油をまとわせておくと、肉の表面が乾燥しにくくなって、焦げにくくなるという効果もあります。

肉の重さから割り出した塩をまず3等分しておきます。最初に、3分の1を油をまとった冷たい肉の両面にふって、冷たいフライパンに乗せます。この準備ができてからコンロに火をつけ、弱めの中火にしてフライパンを乗せ、加熱を始めてください（表面を焼きかためようなんて絶対に考えないこと)。

しばらくすると、シューーという音がし始めます。鶏のソテーでもお話したとおり、「パチパチ」は強すぎ、音がまったくしないのは弱すぎです。

「シューー」という音は、フライパンの表面温度が100℃を超えると聞こえてきます。

弱めの中火なら30～40秒で、だいたい100℃を超えます。ここから少しずつ水分が出てきますが、最初に出る水分はアクですからキッチンペーパーでふき取りましょう。肉とフライパンの間の水分もふきとってください。

ここに水分がたまったままだとフライパンの表面の温度が100℃以上に上がらず、熱湯で煮ているのと同じことになってしまいます。いつまでたっても香ばしい焼き目はつきません。最初に出てくる水分と油をしっかりふき取れば、アクも臭みも抜けます。

5分ほど加熱していると、フライパンの表面温度はだいたい180℃前後まで上がり、ここからは少しずつ焼き目がついてきます。水分がフライパンの外にはじけ出るくらいが180℃の合図。ここからは弱火に落とし、その温度を維持して焼いていきます。

肉の厚みの3分の1まで色が変わったら、ふたたび3分の1の量の塩を表と裏にふりましょう。ひっくり返して、そのままの火加減で裏側を焼きます。

焼き上がりの目安は、「肉の重量が最初の重さの80〜85％」になったタイミング。これもチキンソテーと同じです。

牛でも鶏でも豚でも、「ちょうどいい焼き上がり」は焼く前のほぼ80％〜85％。アクなどとともに水分があるていど蒸発し、火が中まで通った**「食べごろ」は、焼き時間より重さが目安**なのです。

何度か焼いてみるうちに、毎回計量しなくてもちょうどいいウェルダンのタイミングがわかるようになりますよ。

焼き上がったら、カットした断面に残った3分の1の塩と、好みでコショウをふればできあがり。外側は焦げ目がついて、切り口はロゼのジューシーなステーキになります。

牛肉はこうしてしっかり中まで火を通すと、冷めても肉汁が出てきません。しかもうまみはしっかり残っています。

こうやって火を通した肉は煮込んでもかたくなりません。カレーやシチューをつくるとき、肉を入れるならしっかり0・8％の塩で下味をつけ、弱めの中火でじっくり焼くこと！ 煮込む時間が短いものでも、長いものでも、ほんとうにおいしくいただけます。

ぜひ試してみてください。

ミディアム、レアは「脚つき網」でオーブンと同じ効果を

さて、牛ステーキならではの、ミディアムとレアの焼き方も紹介しておきます。

ミディアムとレアは、単に焼き時間を短くするだけでは決して上手に焼けません。

プロがミディアムやレアで焼く場合、オーブンを使って肉にとてもゆっくり火を通していきます。つまり、ウェルダンより時間がかかるのです。

家庭のコンロとフライパンでつくる場合は、高さ1～2cmくらいの「脚つきの網」を用意してください。これが後半で大きな威力を発揮します！

最初に火加減を見るために、切り取った肉の小片（ほんの1㎝ぐらいでOK）を冷たいフライパンに乗せ、弱めの中火にかけて加熱を始めます。肉の小片がカリカリになってしっかりした焼き色がついたら、フライパンの表面温度が180～190℃になったというサイン。この温度になってから肉に油をまぶし、両面に3分の1の塩をふった肉を入れて焼き始めます。ウェルダンとの違いは、すでに高温になったフライパンに肉を入れるという点です。

焼きはじめて1分半～2分で出てくる水分や油をしっかりふき取り、軽く焼き色がついてきたら裏返してください。裏も1分半～2分くらいで焼き色がつくはずです。トングで肉をはさみ、立てるようにして、側面にもまんべんなく15秒ほど焼き色をつけましょう。

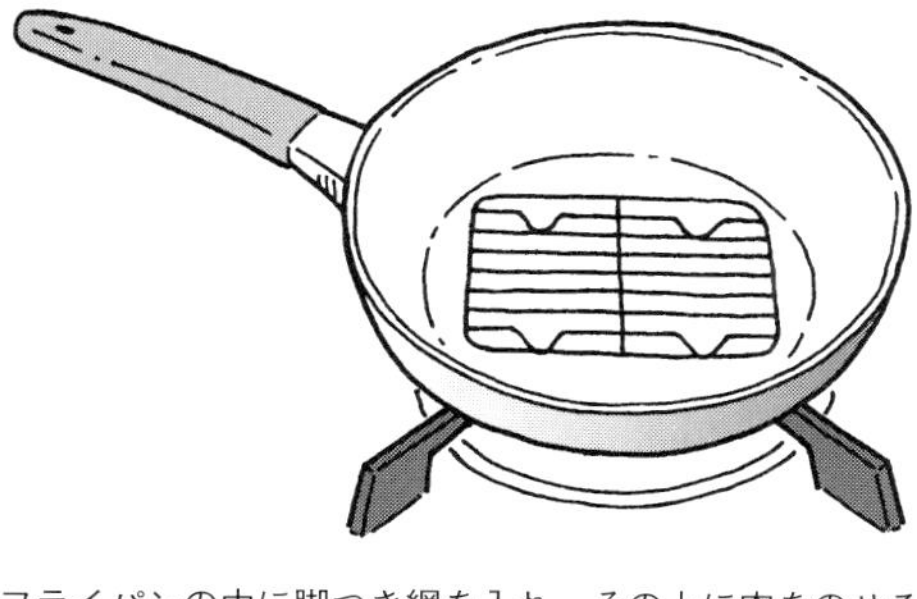

フライパンの中に脚つき網を入れ、その上に肉をのせる

さて問題はここから。まだまだ中は冷たい状態です。ここでフライパンの上に脚つきの網をのせてください。焼き色がついた肉の両面に3分の1の塩をふって、これを網の上にのせます。フタをして約4分弱めの中火で加熱し、火を止めてからさらに5分ほどそのままおいて余熱で火を通します。

焼き時間は参考程度にしてください。この方法で、ミディアムの焼き上がりは、最初の重量の85〜87％程度です。

切り分けたら、切り口に残りの塩とコショウをふって完成です。

レアの場合も脚つきの網を利用します。

ミディアムとも違い、最初に肉を温めてから焼き始め、最後に裏表に焼き色をつける方法です。最初の重量の90％ていどになったら完成。水分を多めに残し、しかも中まで温かいのが正しいレアです。

最初からフライパンに足つきの網を置いて、そこに油だけまぶした肉をのせて弱めの中火で加熱をはじめます。ウェルダンやミディアムと違って、焼く前に塩はふりません。肉の色が白く変わってきたら裏返し、フタをしてさらに3分半ほど加熱。ここで分量の3分の2の塩を両面にふります。

ここまできたところで、網をどけてフライパンを30秒程度中火にかけます。表面にできるだけ早く焼き色をつけるには、ここでフライパンの表面を190℃くらいにする必要があるからです。

切り口に残りの塩とコショウをふれば完成となります。

つけ合わせのサラダも「塩」次第!

生野菜のサラダも、塩加減が勝負です。

みなさんはどうやってつくっているでしょう? 野菜を水にさらし、水を切ってからちぎり、お皿に乗せたら上からドレッシングをかける、という感じでしょうか。

野菜全体に味をつけようとすると、この方法ではすごくたくさんのドレッシングが必要になってしまいます。ドレッシングの味が濃いところと味がしない部分がまだらになっているかも……。

野菜サラダをおいしくするには、水をよく切ってちぎった野菜に「重さの０・８％の塩」をすることです。全体に塩をしておけば、ドレッシングはほんの少量でじゅうぶん。きちんと塩味をつけた野菜はそのまま食べてもおいしいのですから、ドレッシングは風味づけ、として使えばいいんです。本来、ドレッシングというのは野菜がひたるほどかけるものではありません。

サラダの語源は「塩をしたもの」。したがって、**サラダはもともと塩で食べる料理**なのです。ためしに次のレシピでグリーンサラダをつくってみてください。

コツは、とにかく「しっかり水を切ること」「厳重に塩の分量をはかること」「よーく和えること」の3点。

ドレッシングをしっかり乳化させることも大切です。

Recipe

塩加減で勝負する 基本のグリーンサラダ

材料

野菜　ルッコラ、チコリ、レタス、ロメインレタス、クレソン、白菜などを合計50g
塩　野菜の重さの0.8％（0.4gぐらい）
コショウ

［ドレッシング］
ビネガー　10g（コメ酢、ワインビネガーなど好みで）
オイル　20g（サラダオイル、オリーブオイルなど好みで）
塩　オイルとビネガーの合計の0.8％（30gなら約0.24g）

つくり方

1 野菜を食べやすい大きさにちぎる。白菜は細切り。ボウルに水を入れて野菜を全部入れ、5分おく
2 ザルに上げて水を切り、タオルやキッチンペーパーで水分をしっかりとる
3 ビネガーに塩を入れてよく混ぜる。そこにオイルを加え、泡立て器を均一の方向に左右に動かし、あらかじめ入っていたビネガーとオイルを一体化（乳化）させる。白濁してトロリとしてきたら完成

4 別のボウルに野菜を入れ、分量の塩を加えてしっかり全体によく和える。味見をして塩味がちょうどよかったら好みでコショウをふり、さらによく和える

5 [3] のドレッシングを7〜10g（スプーン1杯）、[4] の野菜に加えて全体にからむように混ぜる

〈ポイント〉

ドレッシングはただグルグル混ぜるのではなく、しっかり乳化させましょう。正しく乳化されていないとサラダはおいしくなりません。乳濁してとろみがつくと、ビネガーのとがった酸味もまろやかになります。

Lesson_02

野菜いためでわかる、素材の味が生きる「超弱火」の新常識

野菜いためがイマイチなのは「火力」が原因じゃない！

続いて、みなさんおなじみの野菜いためです。普通の常識とはぜんぜん違う調理法だと思うので、ビックリするかもしれませんが味は保証します。

材料はなんでもかまいません。今回は豚肉を少しと、ピーマン、キャベツ、モヤシ、ナスなど冷蔵庫にある定番残り野菜でつくってみます。肉抜きの野菜だけでももちろんかまいません。野菜1種類だけでもいいですよ。

さて、野菜いためを家でつくると、ビチャッと水っぽくなるという人が多いですね。「家庭のコンロは火力が弱いから」とみなさん口をそろえるのですが、これは言い訳にすぎません。**野菜いためには強火は必要ない**のです。

「じゃあ、中華料理はどうなるの！」

と思うでしょう？　たしかに中華料理のいためものは、強い火力を利用してつくられます。ただ、火力が強いからといって、常に「高温」で調理しているわけではないのです。

家庭の野菜いためがうまくいかないのは、「火力が中途半端に強すぎる」から。

おいしい野菜いためをつくるには、ふたつの方法があるのです。

・ものすごい火力を使う
・超弱火でつくる

ただし最初の「ものすごい火力」でつくるには中華鍋が必須で、しかもその鍋を「あおれる」ことが条件です。

それができる人なら、強い火力を利用しておいしい野菜いためがつくれます。

でも、普通の人はなかなかできないですよね？

中華のシェフは、大きな炎を使って調理することを「火をくぐらせる」「火を（食材に）見せる」と表現します。炎に食材をじっと近づけたままにするのではなく、**鍋をあおって、熱の中をくぐらせようとしているんです。**

見た目にはすごく炎が上がるので、たいへんな高温になっているように思うかもしれませんが、じつは輻射熱を利用しているので温度はそれほど上がっていません。

中華鍋で最も高温になるのは側面で、一番深い底の部分ではありません。油を熱したところに刻んだニンニクやネギ、ショウガを入れて強火でいためても焦げないでしょう？　しかし、家庭のコンロを強火にして中華鍋を乗せたままにすれば、底にある油は非常に高温になり、食材はすぐ焦げてしまいます。

中華鍋を熱すると、球面の鍋の内側に熱だまりができますが、この熱は鍋の曲面に反射して鍋の上方に輻射熱のドームのようなものができます。そのドームの中の熱で、あおられて宙に浮いた食材が加熱されていくわけです。それを利用するのが野菜いためであり、チャーハンということ。

中華鍋がつくってくれる見えない熱のドームは、いわばオーブンようなもの。２００℃のオーブンの中に手を入れても、いきなりヤケドをすることがないのと同じことです。似た原理だけど、プロの調理人は強い火力と中華鍋で食材をあおる技術で、これを短時間で行っています。

盛大に炎が上がるコンロに中華鍋を乗せ、そこに油を入れ、野菜を入れてあおらずにかき回していたら、シャキッとする前に黒焦げになります。

業務用コンロと家庭用コンロの違い

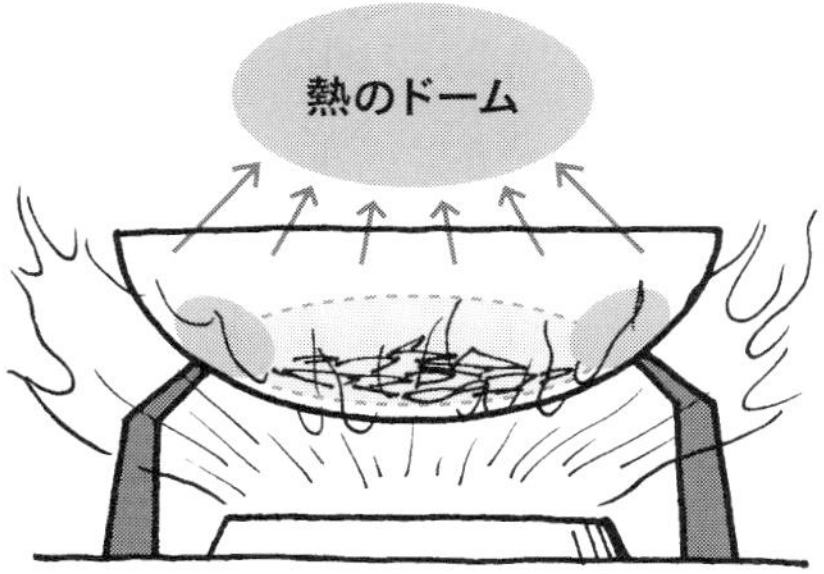

業務用コンロは火力が強く五徳も高いので、鍋の底ではなく側面が熱くなり、また上の方に“熱のドーム”ができる。いためものの場合、あおってこの熱のドームを通過させることで食材に火を通す

家庭用コンロでは鍋の底がいちばん熱くなるので、あっという間に焦げてしまう

チャーハンも、なべ底にお米がついたときは熱くなり、あおられて宙に浮いたときに温度が下がる、ということを繰り返すからこそパラパラに仕上がるのです。

お米でも野菜でも、食材が鍋の底に密集した状態だと、いくら強火にして鍋の上でグルグル混ぜても温度がどんどん上がるだけ。すぐに焦げるし、あわてて火をちょっと弱くしても、水蒸気はどんどん高温になっていくから野菜いためはグチャグチャに崩壊、チャーハンはベタベタに。


なまじ本格的な中華鍋を買ってしまい、それを中途半端な火力であおらず調理すると、なんだかとてもワケのわからないできあがりになってしまうのです。

中華鍋と強い火力を利用した料理は、プロにまかせたほうが無難ということ。家庭のコンロで「中華鍋」をあおっても、今度は熱ドーム内の温度が上がりきらないので、思ったような効果は生まれにくいと思います。

フライパンは、結局ごく安価なテフロン加工のものが一番使いやすいでしょう。中華鍋や、重い多層コートのものも通常は必要ありません。僕の教室に用意しているのもごく安いテフロン加工のものです。しかも軽くて安いものが多いのですから、言うことナシのスグレもの。スーパーで500円ぐらいで売ってるヤツでもだいじょうぶ。

衝撃！　超弱火でつくる野菜いため

では、家庭用のコンロと普通のフライパンで、どうやってつくれば野菜いためがおいしくなるか、という本題に入ります。

それはズバリ、「超弱火でつくること」。はっきり言って時間がかかりますが、この方法なら野菜本来のうまみや甘みがしっかり残り、けっしてベチャベチャにならず、しかも時間を置いてもシャッキリしています。

材料の下ごしらえは、全部の大きさをそろえて切っておくだけ。

料理をするときは、とにかく材料を全部切って調味料もあらかじめはかっておきましょう。火を使う前にできることは、全部やっておくわけです。

きちんと切ってバットなどに並べておくと、あとからの調理がラクというだけでなく、

「分量」が目ではっきりわかるようになります。100gの肉はこのくらい、50gのモヤシはこのくらい、10ccの油はこのくらい――。それがわかって初めて、「目分量」もわかるようになります。

野菜いため1人前の野菜と肉の分量って、意外とわかりにくいでしょう？　うっかりするとやたらにつくりすぎてしまったり、足りなかったり……。最初にちゃんと「1人前」の分量を理解しておけば、あとはそれこそ「テキトー」でだいじょうぶなんです。

レシピを見ながらつくる場合は、全部材料をはかって、切って、「使う順」に並べておくのが一番いいです。そうすれば、「えーっと、次は何するんだっけ!?」となることもありません。つくりながら塩やオイルの量なんかをはか

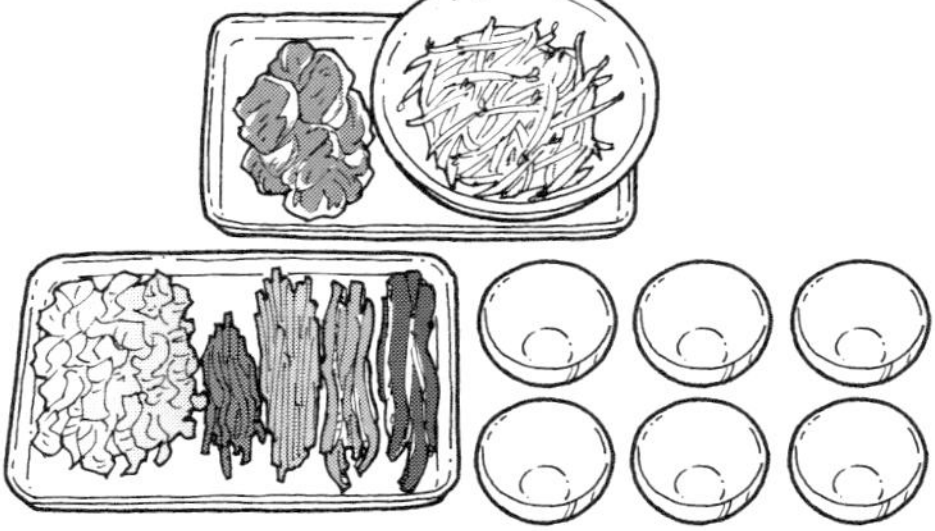

食材、調味料はすべてあらかじめ計量し、切りそろえて並べておく

っていると、手順がわからなくなること間違いなしです。

調味料も、100円均一の小さなガラスの器を同じ大きさで5個ぐらい用意して、あらかじめ全部はかっておきましょう。いつも同じ容器を使っていると、分量も直感的にわかるようになります。

テレビの料理番組でも、先生がたは調味料をあらかじめ計量して同じ大きさの容器に入れています。あれは、別に番組の尺に合わせるためではありません。僕は自分でつくるときでも、ちゃんと調味料も食材も全部はかってから調理をはじめます。

プロも、経験に裏打ちされた必要な分量をちゃんとはかっているのです。

それから、実は野菜の切り方によっても、野菜いためのの歯ごたえはまったく変わってきます。これは正しい包丁の使い方を身につける必要があるので、その基本はLESSON05を参照してくださいね。

では始めましょう。今回は豚肉も入れる「肉野菜いため」です。

まず豚からいきますよ。

薄い細切れの豚肉を焼くときも、ちゃんと0・8％の塩をしてください。ここで手を抜かないこと！

弱めの中火でフライパンを加熱し、焼き色がつく温度になったら入れましょう。目安がわからない場合は、ほんの少しだけ肉を入れてから加熱し、焼き色がついたあたりで肉を全部入れます。

香ばしさもほしいから焼き色はつけたいのですが、薄切りの肉を焼く場合、フライパンが冷たい状態から始めると焼き色がつく前に火が通ってしまい、焼き色がつくころには肉そのものがかたくなってしまいます。そこで、あらかじめすぐに焼き色がつく温度にまで加熱してから焼き始める方法がオススメです。

全体が白くなって少し焼き目がついたら、お皿などに取り出してください。肉はキッチンペーパーで押さえつけて裏表の油、アクを吸い取ります。

フライパンに残った油はすべてふき取り、底を水にあてて冷ましましょう。

次に、冷たいフライパンに切った野菜を全部入れ、油を上からかけて両手でまんべんなく混ぜます。和える、といってもいい。味つけはまだいっさいナシ。

冷たいフライパンの上に、油をまぶした冷たい野菜の山が乗っているわけです。あまり見たことがない光景だと思うので、ちょっとビックリするかもしれません。

で、これを弱火にかける。

火は肉を焼くとき（弱めの中火）よりさらに弱い「弱火」。炎の大きさは、コンロのガス穴からフライパンの底までの距離の半分くらいになるようにします。「野菜いためを弱火でつくるとベチャベチャになる」という思い込みは捨てる！　ここまで弱火にしてしまえば、絶対にそうはなりません。

かたい野菜から先に入れる、なんてこともしなくてよろしい。

あとはこのままボーッとしててください。2、3分に一度、下と上をざっとひっくり返すくらい混ぜて、約8分ぐらいそのまま。

そうしたら、野菜をつまみ食いしてみてください。一番かたそうなニンジンやゴボウあたりが「食べごろ！」ならOKです。ニンジンなどが多い場合は8分では足りないかもしれませんが、一番かたそうな素材に合わせればだいじょうぶ。ニンジンがちょうどよくなったころ、もやしがグチャグチャになってない？　という心配はありません。弱火なら、もやしだって8分どころか15分加熱しても崩壊することはないのです。

これにはちゃんと理由があります。

弱火でゆっくり野菜の温度が上がっていくと、内部の水分が急激に失われることはないからです。ベチャベチャになるのは野菜の水分が外に出てしまうからで、**ゆっくり加熱すれば細胞壁のペクチンが壊れにくくなる**ため、その心配はありません。

だから、ニンジンに火が通るのをもやしにそのまま待たせておいても、同じ温度であればだいじょうぶなのです。ニンジンともやしがまったく同じ歯ごたえのやわらかさになることはありませんが、それは食材が持つ食感の違いで

冷たいフライパンの上で、冷たい野菜が山盛り！

すから、むしろ生かしたほうがいいでしょう。

なぜ、時間がたってもシャッキリしてるのか

できあがった野菜いためを食べてみてください。

まず、**すべての野菜の色が鮮やかになっているはず。**フライパンに焦げカスが残っていることもなく、皿に移したあとも油もほとんどついていないと思います。またお皿に盛ったとき、下の方に水分が溜まることもないでしょう？　水分は全部野菜の中に残っているからです。

食べると、野菜の水分が保持されてみずみずしく、しかも歯ごたえはしっかり残っているはず。普段の野菜いためより、甘みやうまみを感じやすいでしょう？　塩と醤油、ごま油とコショウの風味だけで十分おいしいはずです。市販の「中華だし」「野菜いためのの素」のようなものをいっさい入れなくても、これだけのうまみが引き出せるのです。

この野菜いためは、冷めても水分が出ません。1日や2日冷蔵庫に入れておいても、水分が失われずに野菜にシャキシャキ感がちゃんと残っているはず。つまり、朝つくって夜「チン」して食べても、お弁当に入れてもOKです。

できたての食感は、中華料理のシェフがプロの厨房でつくったものと比べると、多少歯ごたえが弱くなるのは確か。生に近いような感触を残し、しかも中まで火を通した調理というのは、やはり高い技術を持った中華の料理人ならではのものです。

しかし、この家庭向け超弱火方式は、それを補ってあまりある長所を持った調理法です。

みなさんも、ぜひこの「絶品野菜いため」を試してみてください。

Recipe

超弱火でもシャッキリ!の野菜いため

材料

豚ロース　60g
ニンジン　60g
もやし　120g
キャベツ　60g
パプリカ　60g
ピーマン　20g
キクラゲ　30g
日本酒　8g

塩　2g
醤油　1g

コショウ　(お好みで)
サラダオイル
ごま油　5g (小さじ1)

つくり方

1 すべての野菜を大きさをもやしの太さに合わせて、細切りにする
2 豚肉は7ミリていどの棒状に切る
3 フライパンにサラダオイルを少量引き、温度の確認のため豚の小片を乗せて弱い中火で加熱。小片に焼き色がついたら全部の豚肉を広げて入れる
4 全体の色が変わったらキッチンペーパーにあげ、フライパンの油、水分もふき

とる
5 冷たいフライパンに野菜をすべて入れ、サラダオイルをまわしかけて全体にからめる
6 弱火にかける。ときどき箸で上下を返すようにして8分いためる。ニンジンがかたいようなら、もう少しいためる
7 取り出しておいた豚肉を加え、日本酒、塩を加えて2分弱火でいため続ける
8 いため香を出すため、最後に火を中火程度にして醤油とごま油を加えて20秒
9 コショウをふったら盛りつける

Lesson_03

ペペロンチーノでわかる、ひと味違う「パスタ」の新常識

パスタをゆでるのに〝大量のお湯〟はいらない

パスタの中でもっともシンプルなレシピが、「アーリオ・オーリオ・エ・ペペロンチーノ」。ニンニク、唐辛子、オリーブオイルだけでつくるパスタです。日本で言うならもりそばや素うどんのようなものでしょうか。

ところが、簡単なわりに「家でつくると、どうしてもうまくできない」という人が多いレシピです。「お店で食べてもイマイチなことが多い」という人もいます。

シンプルだからこそ、難しいレシピだといえるかもしれません。

皆さんの「イマイチな理由」を聞いてみると、

・味がなんとなく薄い
・麺にコシがない
・ニンニクが苦い、唐辛子が焦げている
・オイルがうまくパスタにからまず、お皿にたくさん残る

という意見が多いですね。

ペペロンチーノにはいくつかコツがありますが、そのコツさえおぼえてしまえば、けっして難しくありません。ところが多くの料理本を見てみると、どういうわけかつくる人に不親切で誤解をまねく表現がとても多いな、と思います。その結果、「どうもイマイチ」なペペロンチーノができてしまうようです。

まず、ゆでるところから考えてみたいと思います。

パスタをゆでるというと、すぐ「アルデンテ」という言葉が思い浮かぶはずです。ゆですぎず、「パスタの中心にちょっと芯が残るぐらいに」といわれる例のアレです。料理本によっては「パスタの袋に書いてある表示ゆで時間より1分ぐらい短めに」などと書いてある場合もあります。

たしかに、ややかためが好きな方はゆで時間を多少短めにしてもいいのですが、基本的には「**表示通り**」**にゆでるのが正解**です。ただし、「ゆで時間」より、じつはもっと大切なことがあります。

まず「鍋」と「水の量」。

たいてい「大きな鍋にたっぷりのお湯をわかして」と書いてあるのですが、じつは別に「大きな鍋」をムリに使う必要はありません。高さが40cmもあるような本格的な寸胴（鍋）を使わなくてもいいんです。

おなじみのパスタは、だいたい25cmぐらいの長さですから、これが隠れるというとうんと大きな鍋が必要な気がするかもしれませんが、ずっと小さくてもだいじょうぶ。

1人前80gのパスタだったら、直径15cm、高さ10cmていどの鍋でじゅうぶんです。2人前でも同じ鍋でかまいません。15cmの鍋で1人前のパスタなら、お湯は600ccあれば足ります。2人前だともう少しお湯を増やすとしても、2倍にする必要はありません。

小さい鍋を使うときは、ゆでる前に**パスタを束にしてふたつに折ってしまってください**。「えっ」と思うかもしれません。でも、実際にゆで上がったものを食べてみるとわかりますが、パスタの長さが半分だからといって「わっ、短い！」とは感じないはずです。

フォークに巻きつかないわけではありませんし、長さが半分になっていることにも気づかずに食べられるでしょう。人によっては、かえって食べやすいという人もいます。

お湯の量は、みなさんが思うより、けっこう少なくてもだいじょうぶ。

なんとなく、お湯が少ないと麺が泳がずかたまってしまうような気がするかもしれませんが、お湯が麺のまわりで対流できるくらいあればじゅうぶん。麺がお湯の中で泳ぎまわらなくても、お湯が対流して麺に均一に熱が伝わる環境があればいいんです。

パスタをふたつに折るのがイヤだったら、フライパンでゆでる手もあります。フライパンなら長いパスタがそのまま入りますし、底面積が広いからお湯も早くわきます。ただし、

パスタは折ってしまうとゆでやすく、食べやすい

あまりお湯が少ないと水が蒸発し、どんどん煮詰まって塩辛くなるので、ほどほどに。15cmの鍋でもフライパンでも、パスタづくりの最初の手順はお湯を沸かすことです。ちゃんと沸騰するまでわかしてください。温度が低いと、お湯が多くても少なくても、パスタはうまくゆで上がりません。ここはちゃんと「強火」で沸騰させましょう。お湯をわかすときは、必ずフタをして！

ここで「強火」に関する注意を。最も効率がいいのは、鍋の側面にまで回るような炎ではなく、鍋底だけに炎が当たるような火加減のこと。**鍋の側面に炎が当たっていても、お湯の温度が早く上がることはない**のです。

これはパスタをゆでるときに限らず、やかんでお湯をわかすときも同じです。

「そのまま食べておいしいパスタ」が成功のカギ

そして最も大切なのが、ゆでるときの塩加減。すべてのパスタに言えることですが、おいしさのほぼ8割はこれで決まってしまいます。

蒸発することを考えて、ゆでる前は1・3〜1・5％、ゆで上がりで1・8〜2％の塩分濃度になるようにします。

とくに、「塩と油と水分のバランス」の最高峰を目指すペペロンチーノの場合、これが「ほとんどすべて」と言っていいでしょう。

パスタをゆでるとき、ちゃんと水の分量と、塩の分量を計っている人はどれくらいいるでしょう。とりあえず沸騰したお湯に、「適当に」塩を入れて、そのままゆでていませんか？「オイルやソースとからめるときにまた味をつけるんだから」と、あまり「ゆでるときの塩の量」など考えない方も多いでしょう。

ところが、この「**ゆでるときの塩加減**」**こそが、おいしいパスタの最大のポイント**なのです。味はもちろん、パスタの食感を左右するのも、ゆで汁に入れる塩次第。

上手にパスタをつくりたいと思ったら、まずはちゃんと計量スプーンかキッチンスケールを使って、正確にゆで汁の塩加減を決めてください。水と塩の量を正確にはかることが、おいしいパスタへの第一歩。

レシピには「塩分1％のお湯でゆでましょう」と書いてあることも多いですが、まずここから考えてみます。お湯1リットルに対して1％というと、塩10g。これだけでも「けっこう多いな」と思いませんか？ 10gの塩というのは、サラサラの食塩の場合、大さじ3分の2強。（大さじ1が約16g）。けっこうな分量です。

水2リットルなら大さじ1と3分の1ぐらい。これが「塩分1％のゆで汁をつくるのに必要な塩」ということになります。けれど、多くの方は「1％の塩」と書いてあっても、ずっと少ない量の塩しか入れていないようです。

どうしても、「ゆで汁の塩分控えめ」にしてしまう傾向があるようです。

ところが、実はお湯1リットルに塩を10g入れても、まだ塩が足りていません。塩分1％のお湯でパスタをゆでても、ゆで上がりの塩分は1％にならないのです。

パスタも米も1・2倍の水を吸ったときが食べごろ

ゆであがったとき乾麺の重さの1・2〜1・25倍の水分を含んでいるというのが、ちょうどいいアルデンテのめやす。

これはごはんを炊くときも同じで、お米1合（だいたい150g）の場合、水分が1・2倍の216g加えられ、炊きあがりのご飯は366gになります。ご飯の場合は加えた水の多くを吸収してしまうわけですが、パスタと同じように、お米のおいしい炊きあがりは1・2倍の重さの水分を含んだ状態ということ。

これ以上水が多いとお粥に近づいていきます。パスタも延々とゆでていれば水分を1・2倍以上含んで、ブヨブヨになってしまうでしょう。

パスタの場合、1人前を80gとすると、おいしくゆであがると96gの水分を含んでいて、合計でだいたい176gになっているはずです。パスタの袋に書いてある標準ゆで時間の通りにゆでると、ほぼこの重さになります。

塩加減は人によって多少好みがありますが、僕が基本として皆さんにオススメしているのは、「ゆであがりの塩分0・8〜1％」を目指すゆで方です。

ということは、塩分1％のお湯でゆでても、できあがったパスタの塩分は1％よりずっと薄くなることになります。パスタ自体には塩が含まれていないので、ゆで汁の塩分はパスタで薄まってしまいます。ゆであがりを「塩分1％」にするには、ゆで汁の塩分をもっと多くする必要があるのです。

僕は**水1リットルに対して塩15g、つまり塩分1・5％でゆでることをオススメしています**。1人前80gのパスタをゆでるのであれば、水は600g程度で十分ですから、この場合は塩9gということです（水1リットルなら塩15g）。

つくったパスタの味が「イマイチ」というとき、ほとんどの場合はゆであがりのパスタに塩気が足りていないのです。

まず、この分量を正確にはかってやってみてください。ゆであがったパスタになんの味つけもせずにそのまま食べてみて、「おいしい」と思える塩加減がベスト。「塩ゆでしてそのまま食べられる」というパスタこそ、成功のカギです。

そうなると、あとからからめるソースに塩味は不要。生のトマトをきざんで和えるだけでもじゅうぶんだということになります。

塩分1・5％でゆで上がったそのままのパスタを食べて、「自分には少し塩辛い」という方は、1・2％（水1リットルに塩12g）ぐらいに減らしてもかまいません。

もし、そのあとにアンチョビなどを加える場合も、少し塩分少なめでゆでたほうがいいでしょう。アサリを入れたボンゴレなどの場合も同じ。アサリは海水が抜けきらない場合があり、思っている以上に塩辛くなってしまうことがあるからです。

ペペロンチーノの場合は、あとからからめるのがオイル、ガーリック、唐辛子だけですから、このゆで汁の塩加減がすべて。パスタを塩水でゆでるというのは、パスタに味つけをすることなのだと考えてください。

ここで味がついていないと、オイルをからめながら塩をふることになってしまいますが、ゆであがってから塩を加えても、ソースに塩味がつくだけでパスタにはしっかり味がつきません。それが「あれ？　なんかイマイチ……」の原因です。

繰り返しになりますが、塩加減というのは、パスタのゆで汁にせよ、肉を焼く場合にせよ、すべての料理のおいしさの「基本」なのです。

塩不足だと、どうやっても「アルデンテ」にはならない

パスタをゆでる場合に適量の塩を入れることには、おいしさだけでなく、もうひとつ重要な理由があります。

じつは、**塩を入れずに真水で時間通りゆでても、パスタはアルデンテになりません。**真水のままでゆで時間を短くすればかためにあがりますが、かたければアルデンテというわけではない。塩分不足のお湯でゆでた、「自称アルデンテ」ほど最悪なものはありません。単に芯が残って表面にはコシがない状態で、舌触りも噛みごたえも最悪！

こういう状態になってしまうのもまた、ゆで汁の塩分不足によるものです。

適量の塩を入れると、「塩析効果《えんせき》」というものがおこります。あまり聞きなれない言葉だと思いますが、これは一定以上の塩を入れることでパスタの表面のタンパク質がかたまる反応のこと。パスタの表面に壁をつくるような効果です。

表面に壁ができるとパスタに含まれる粉が溶け出さなくなり、それがつまり「コシがあ

る」状態です。表面がかたまらないままダラダラゆでていると、粉はどんどんゆで汁に溶け出していき、パスタは表面も内部もグダグダになります。「これじゃゆですぎだ～」と思って時間を短くすると、こんどは芯だけ残って表面がダラーッとした、舌触りの悪いパスタになります。

それを防ぐのが「塩」なのです。塩がパスタの表面をかためて中から粉が水に溶け出さなくなると、麺に弾力が出てコシがしっかりします。その弾力を保ったうえで、ゆですぎになっていない状態が「アルデンテ」。

そして、塩析効果でしっかりコシが出たパスタは、そうそう簡単に「ゆですぎ」の状態にはなりません。「パスタはスピードが勝負、ゆであがったら全速力でソースにからめて」と書いてある本も多いですが、**正しいアルデンテにゆであがったパスタは、火を止めて1分ぐらい放置してもベタベタになったりはしません。**

「芯が残るくらいにゆでなくては」とか、「あとでソースとからめるとき加熱するから、ゆで時間を短めにしよう」などと考える必要はまったくないんです。

約3・5%くらいという海水に近いほどの塩分濃度にして、ゆであがったパスタを真水で洗ってから調理するシェフもいます。より強いコシを出すためですが、さすがに表面が塩辛くなりすぎるので真水で洗ってしまうわけです。

冷製パスタをつくるとき、僕はこの塩析効果を「逆利用」します。つまり塩を入れずにゆでて、あえてパスタが柔らかめになるようにするのです。かためのパスタを水で締めてさらにかたい感触にしてしまうと、冷製パスタって食べにくいですよね。

でも、塩を入れずに標準の時間でゆでて、やや表面がやわらかくなったパスタを一度水で洗ってからソースにからめると、表面がかたまりすぎない分パスタに味が入りやすくなります。その場合はもちろん、ソースのほうにしっかり味をつけておきます。

というわけで、おいしいペペロンチーノをつくろうと思ったら、まずは1・5%前後の塩水で表示時間どおりにゆでてみてください。それでやや塩気が強いと感じたら、少し塩を少なめに。もっとかためのほうが好みだったら、30秒ぐらいゆで時間を短く。

麺の塩味やかたさは好みもありますから、基本がわかってから、ちょっとだけ自分好みにアレンジしてみるといいでしょう。

適量の塩でゆでたパスタはのびない

お湯をわかすとき、水と塩を入れたら必ずフタをしましょう。フタをしないと水分がどんどん蒸発していくので、煮詰まって塩分が濃くなりすぎてしまいます。

教室で、「先生、塩分1・5%だとパスタがしょっぱいです」という生徒さんによく聞くと、ほとんどの場合どこかでゆで汁が蒸発しています。沸騰したお湯をずっとそのままにしておいたり、お湯が極端に少なすぎたり、フタをしないでお湯をわかしたり――。

さて、塩を入れたお湯が沸騰したら、小さじ1ぐらいオリーブオイルを加えてからパスタを入れ、最初だけ少し混ぜます。温度が一時的に下がり、麺がくっつきやすくなるからです(軽い風味づけという意味合いもあります)。

オイルを入れて沸点を上げる効果もあるといわれていますが、小さじ1ぐらいではほとんど影響はありません。「くっつき防止」「風味づけ」だと考えてください。あえて入れなくても、最初だけ気をつけてパスタをざっと混ぜればだいじょうぶ。

パスタを入れると、沸騰はいったんおさまります。お湯が再び沸騰しはじめたら、ザッと混ぜてあとはもうそのまま。それからは、沸騰を保ってお湯を麺のまわりで対流させることがなにより大切です。

沸騰が続く火力は調理器具によって違いますが、だいたい弱めの中火ぐらい。とにかく、お湯が鍋のなかでちゃんと動いていればいいんです。

しっかり塩を加えたお湯でゆでると、沸騰させ続けてもパスタはけっして噴きこぼれません。真水をいくら沸騰させても噴きこぼれることはありませんよね？　**噴きこぼれというのは、パスタの粉がお湯に溶け出し、それがお湯の表面に膜をつくることから起きる現象**です。膜がフタがわりになって湯温が上昇するため、噴きこぼれてしまうのです。

生パスタのように粉が表面についているときは別として、本来乾麺をゆでて「噴きこぼれる」ということはまず起きません。ところが塩をきちんと入れないと、パスタの粉が溶け出して噴きこぼれるわけです。

塩が足りないお湯でゆでて噴きこぼれそうになったら、火を弱めますよね。すると、今度はお湯が鍋のなかで対流しなくなるので、パスタを均一においしくゆであげることはできません。また、噴きこぼれを抑えるために水を足すと、今度は塩分濃度が低くなってさらに粉が溶け出す。温度が下がれば芯まで火が通る時間はさらに長くなり、もっと粉が溶け出していくでしょう。これではは悪循環そのものです

しっかり塩を加えてゆでて、お湯のなかから1本取り出して食べてみてください。どうでしょう。「うん、このまま食べてもおいしい！」と思ったら大成功です。

ニンニクと唐辛子の香りをすべてオイルに移す

いよいよソースとからめます。

ペペロンチーノはオリーブオイル、ガーリック、唐辛子、それだけのソースですから準

備は簡単。お湯をわかしながら、冷たいフライパンにオリーブオイル、みじん切りのニンニク、唐辛子を入れて弱火にかけます。ここで火が強すぎるとニンニクも唐辛子も黒く焦げてしまいます。焦げたニンニクと唐辛子はほんとに苦くておいしくない！

焦げてからニンニクと唐辛子だけ取り出しても、オイルに苦い味がついてしまうので、失敗したら思い切ってはじめからやり直してください。

オリーブオイルを加熱してからニンニクと唐辛子を入れるのは絶対にNG。冷たいフライパンに冷たいオイルとニンニク、唐辛子を入れて、それから弱火でゆっくり加熱すれば失敗することはありません。

いい色になるころにはオイルに香り、辛みが移ります。ニンニクの半分に色がついたらすぐ火を止めてください。あとは余熱でちょうどよくなるはずです。

ニンニクは必ずしもみじん切りでなくてもかまいません。叩いて潰すだけでもいいし、スライスでもいいです。いずれにしても最初はオイルも冷たい状態で、その後は弱火で加熱すること。焦げる理由はただひとつ。火が強すぎることです。

万一、「ヤバイ、あっという間に色がついてきちゃった！」という場合はすぐに火を止めて、フライパンをガス台からすぐはずすこと。弱火にするのではなく、とにかく火からはずしましょう。

弱火にしても温度は下がりません。弱火はその温度をキープするだけですから、温度を下げたいなら、火を止めるか、火から遠ざけるしかないのです。火を止めてそのまましばらく置いておけば、必ず余熱で火が通りますからだいじょうぶ。もっとも真っ黒焦げになってしまってからでは手遅れですが……。

パスタのゆであがりと、オイルにニンニクと唐辛子の香りをつけるタイミングを合わせれば、すぐにからめる作業に入れます。でも、慣れないうちは別にあわてる必要もないので、まず火を止めた状態でフライパンを放置。それからパスタをゆで始めてもまったくかまいません。

ニンニクと唐辛子の香りがついたオイルは、パスタがゆであがる30秒ぐらい前に再び火をつけて中火で加熱しはじめます。フツフツと泡が出てきたら、そこに粗みじん切りにしたイタリアンパセリを2枝加え、バージンオイルを5g（大さじ3分の1強）を追加で投入しましょう。

“オイルの控えすぎ”も失敗のもと

ニンニクと唐辛子の香りを移したオリーブオイルはピュアオイルですが、これはバージンオイルでなくてかまいません。というより、バージンオイルじゃないほうがいいのです。

ご存じの通り、オリーブオイルには一番搾りのバージンオイルと二番搾りのピュアオイルがあります。バージンオイルのほうが高価なので、全部こっちを使ったほうがよりおいしいのでは、と思うかもしれませんが、用途によって使い分けたほうがいいのです。

バージンオイルは香りが強く酸度も高いですが、反面エグみにもつながります。加熱すると、このエグみが非常に強く出てしまいます。

だから、高級なバージンオイルは加熱して使うのではなく、風味をつけるためにそのまま生で使うべきです。加熱する場合は、ピュアオイルを使ってください。

ソースには、合計で15g（大さじ1強）のオリーブオイルが入ったことになります。1人前80gのパスタに対してこの量というのは、「けっこう多いな」と思う人も多いかもしれません。もちろん2人前だとこの2倍になります。

イタリアンや中華料理の失敗理由で多いのは「油の控えすぎ」。

もともと日本の食文化には油があまり使われてこなかったので仕方ありませんが、油の使い方がヘタなのです。「油をたくさん使うこと」に、強い抵抗感があるんですね。

しかし、イタリア人にとってオリーブオイ

オリーブオイルは思い切りよく使う

ルというのは飲むように使うもの。だから何にでもかけるし、ドバドバ使います。いい油を思い切りよく使うから中華やイタリアンはおいしいのですが、こういう使い方、日本人にはなかなかできませんよね。

さらに健康志向もあって、「オイルの使いすぎは体に悪い、太る！」というのが刷り込まれてしまっています。たしかにオリーブオイルは大さじ1杯（13ｇ）で１２０kcalですから、決してローカロリーとはいえません。

でも、１人前のパスタ80ｇはだいたい３００kcalですから、ペペロンチーノ１人前のカロリーは約４２０kcal。それほどビックリするような高カロリー食にはなりません。野菜サラダを添えれば、５００kcal以下でバランスのいいランチになりますよ。

しかもオリーブオイルは、一価不飽和脂肪酸（オレイン酸）が約7割を占めます。この油は悪玉コレステロール（ＬＤＬ）のみを減らし、善玉コレステロール（ＨＤＬ）を減らさない効果があることでも知られています。

また、抗酸化作用をもつビタミンE、βカロテン、各種ポリフェノールが豊富に含まれていますから、「美容オイル」といってもいい油です。実際、肌に塗ったりお風呂に垂らしたりして楽しむ人もいます。

極端に使いすぎさえしなければ、そんなに心配することはありません。今日はイタリアンと決めたら、「油ひかえめ」の呪文はちょっと忘れてください。

パスタは流しで湯切りをしないこと

ちょっと話がそれてしまいましたが、いよいよゆであがったパスタをフライパンに投入します。あとは混ぜればいいだけなのですが、ここでも重要なことがあります。ゆであがったパスタをどうやってフライパンに移していますか？　もしかして、ザルにとってから流しまで運んで、思いっきり湯切りをしていないでしょうか？　それはダメダメ！　ラーメン屋さんじゃないんですから、**パスタに必要以上の湯切りは不要**です。

鍋の隣に熱いオイルの入ったフライパンがあるのですから、一番いい方法は鍋の火を止めて、鍋からトングで直接パスタを持ち上げてちょっとお湯を切り、そのままゆで汁が少ししたるところを熱いフライパンに入れてしまえばいいのです。

ザルにあけないと、お鍋の底にパスタが残ってもったいない……という人がいるかもしれませんが、2、3本残っても気にしないで。

熱々のオイルの中に、熱々のゆでたてのパスタが入ることになります。

ラーメンのように湯切りなんかしていたら、パスタ表面の水分は蒸発していき、蒸発と同時にパスタの温度も下がっていきます。「フライパンであとからオイルやソースといっしょに加熱するんだから、別にパスタが冷めてもいいんじゃない？」と思うかもしれません

鍋からフライパンへ、トングで直接移す

が、**特にペペロンチーノなどのオイルベースパスタをつくるときは、必ず熱々のパスタをオイルに入れてください。**

水分が適量残っていれば、あとからゆで汁を足す必要はありません。パスタにしっかり塩味がついているので、ゆで汁を入れすぎると間違いなく塩辛くなります。

「ちょうどいいゆであがり」と思ったら、あわてて熱湯から取り出さなくてもいい。そのまま1分ぐらい火をとめた鍋の熱湯につかっていても、そう簡単にパスタがやわらかくなりすぎることはないのですから。

あらかじめつくっておいたオイルを直前に中火で加熱し、そこにゆであがったパスタをすぐさま投入。フライパンのオイルを熱々にして、そこにパスタを直接移すのです。

トングがなければお箸でもなんでもいいですから、とにかく熱湯からオイルに直行しないと、オイルのソースとうまくからみません。

熱いパスタを全部フライパンに入れたら、トングか菜箸で一気に和えましょう。ここで初めてフライパンは強火に！　混ぜる時間はごくわずか。10秒程度でだいじょうぶです。

オイルはすぐにパスタ全体にからみ、フライパンの底にたまっているようなことはないはずです。

これですぐさまお皿に盛れば、ペペロンチーノは絶対においしくなります。

ゆで汁は加えない

なぜこの方法でオイルがパスタにうまくからむのかというと、「乳化」という現象があるからです。**乳化というのは、本来混じり合うことのない水と油がうまくトロリと結合すること**。この現象があるからこそ、オイルはパスタにからみつきます。

水のなかに油を垂らすと、油は水面に丸く集まって浮きます。たくさん入れれば上が油、下が水の二層になりますね。水が下になるのは、水の比重が油より大きいから。しかし、この状態のものをお箸でグルグル混ぜても、そう簡単には混ざりません。あっという間に元通り二層に分かれてしまいます。

サラダのドレッシングを見てもわかりますよね。お酢やお醤油などとサラダオイルは、ビンの中で分離しています。これを使う直前によく振って、トロリと混ぜてからかけます。

乳化していない状態のオイルで和えたパスタは、お皿に置いておくとすぐにオイルが下に流れてお皿がオリーブオイルの海になってしまう。食べ終わったときのお皿に、オイルがたくさん残ってしまいます。これでは油っぽいばかりで、ちっともおいしくありません。

ペペロンチーノにせよボンゴレにせよ、オイル系のパスタの仕上がりにはこの乳化が大きくかかわってきます。

うまくオイルが乳化するために必要な条件は3つ。

1　油と水の分量の比率（水が多すぎると乳化しない）
2　混ぜるときの温度（油と水の温度が離れていると乳化しない）
3　混ぜるときに水と油が対流すること

うまく乳化しない場合に一番多いのが「水が多すぎること」、あるいは「油が少なすぎること」。ペペロンチーノのレシピには、よく「オイルにパスタを混ぜたら、ゆで汁を少々加えて」というのがありますが、たいていの場合、この「ゆで汁」が多すぎます。お玉に半分ぐらい入れちゃう人もいて、それじゃあベタベタというより、ビシャビシャ。

さっきご紹介した、湯切りせず鍋から直接フライパンにパスタを入れる方法なら、乳化に必要な水分はじゅうぶん。というより、これでちょうどいいのです。

湯切りをしてパスタを冷ましてしまうと、水分が失われるうえに、温度も下がってしまいます。あとからフライパンにゆで汁を多少足しても、湯切りで下がった温度は上がりません。

3つ目の「水と油が対流すること」ですが、これはフライパンでペペロンチーノ用のオイルをつくるとき、指定した分量通りのオリーブオイルを入れておけばそれでじゅうぶんです。そこにゆで上がったパスタといっしょに入ってくる水分があって、それを熱いまま一気に混ぜればそれでOK。

ペペロンチーノの場合は、パスタを湯切りしすぎず鍋からフライパンに移せばちょうどいいと考えてください。わざわざゆで汁をフライパンに加える必要はありません。

熱湯がしたたるパスタをトングでどんどんフライパンに入れていくときだけ、強火にしてください。箸でもトングでもいいので、そのままフライパンを前後に動かしながらバーッと混ぜちゃう。

ちょっと蒸発する水分が跳ねて飛ぶかもしれませんが、一瞬です。跳ねがなくなったらそれで終了。混ぜる時間って10秒ぐらいのものでしょう。パスタとほぼ同時にイタリアンパセリのザク切りを入れてもいいし、入れなくてもOK。好みで、仕上げにパセリのみじん切りを上からふってもいいですよ。

Recipe

絶対おいしい
ペペロンチーノ

材料（一人分）

パスタ	80g前後
塩	水の1.5％（※水1リットルなら15g）
オリーブオイル	小さじ1前後（ゆで汁に加える）
ニンニク	5g
赤唐辛子	2分の1～1本
イタリアンパセリ	2枝
オリーブオイル	ピュアオイル10g・バージンオイル5g

つくり方

1 ニンニクをみじん切りにし、赤唐辛子は種を取り除いて輪切り、イタリアンパセリはざく切り

2 分量の塩、オイルを入れたお湯をわかして沸騰させ、パスタを入れてタイマーをかける。最初だけくっつかないように混ぜ、沸騰状態を保てる火加減に

3 冷たいフライパンにピュアオイル、ニンニク、赤唐辛子を入れ、弱火にかける。軽く色がついたら火を止める（できれば、パスタのゆであがりと時間を合わせる）

4 ［3］のフライパンを中火で加熱し、フツフツと泡がわきあがってきたら、ここで

バージンオイル5gとパセリを加える

5 [4] のフライパンは火を止めず、そこにトングなどでパスタを鍋から直接フライパンに入れる（湯切り不要）

6 火を強め、水分を蒸発させながらトングでオイルとパスタを和え、全体にからめて完成

ボンゴレは「アサリの塩分」に要注意

さて、ペペロンチーノより少し「乳化」に気をつかったほうがいいのが、ボンゴレビアンコ。こちらも、基本の味つけはペペロンチーノと同じくニンニクと唐辛子のオイルですが、そこに塩分や水分を含むアサリが入ります。ペペロンチーノの応用編として、同じオイル系のパスタ、つまり「乳化」が勝負になるボンゴレについて研究してみましょう。

アサリのスープパスタというのもあるのですが、店で出てくるスープパスタって、単に水分が多すぎて乳化に失敗した〝ビチャビチャパスタ〟が多いような気もします……。

ボンゴレはアサリを使うので、ペペロンチーノと違って、アサリそのものに塩分や水分が含まれます。

ここが、ペペロンチーノとは少し味の決め方や乳化の仕方で違うところです。また、アサリをふっくら、かたくならないように和えなければならないという課題もあります。

ちょっとポイントを分けて説明してみましょう。

まずアサリですが、がっちりカラが閉じたアサリの口をどうやって開けさせるか、という問題があります。

一番の目的は、アサリの身を縮ませず、かたくせず、ふっくらジューシーなまま身を食べること。もちろんアサリに含まれるおいしいスープが味の決め手になるので、これも逃がしたくありません。

アサリの口を開けるとき、唯一にして最大のポイントは「強火でムリに開けない」。これだけです。


まずはペペロンチーノと同じように、1・5％の塩を入れてお湯をわかします。慣れてきたらここでもうパスタをゆで始めてもいいですが、自信がなかったらアサリのほうを先に用意して、だいたいできてからパスタをゆではじめてください。

あまり長時間沸騰したままお湯をほうっておくと、どんどん蒸発してゆで汁が塩辛くなるので、何度も繰り返しますが、そこは気をつけてくださいね。

冷たいフライパンにピュアオイル、ニンニクのみじん切りと種をとった唐辛子（丸ごとでも、輪切りでもOK）を入れて弱火にかけます。ニンニクがいい色になったら白ワインと日本酒を投入。そこによくカラを洗ったアサリを全部入れてください。20分ぐらい、3％の塩水につけて砂を吐かせましょう。塩水を35℃くらいにすると、短時間でよく塩を出してます。**潮干狩りをするときの干潟の温度がだいたい35℃**だからです。

アサリはスーパーなどですぐ手に入りますが、気をつけてほしいのはトレイに乗ってラップがかかった、乾いたアサリを買ったとき。カラの表面などに、海水の塩分がかたまって付着していることが多いのです。

流水のなかで泳いでいるようなアサリはさほど心配ありませんが、乾いたアサリを買ったときは、たとえ「砂抜きずみ」とあっても、真水でよくカラを洗ってください。

そうしないと、ゆで汁の塩分にカラについていた塩が加わって、やたら塩辛いボンゴレになってしまいます。

実は僕も失敗したことがあるのです。料理教室で、いつも通りのレシピでアクアパッツアをつくってもらったのですが、試食すると生徒さんの表情がどうもビミョー。なんとなく目が泳いでいるのです。

そのうち一人の生徒さんが、「先生、いつもの塩加減より若干濃いような……」と言うのです。「え！」と思って食べたみたら、たしかにしょっぱい！　アサリのカラについていた塩分のせいでした。

アクアパッツアにはオリーブ、ケッパー、アンチョビと、塩分の強いものを使います。そこまでは計算ずみだったのですが、さらに予定外の塩分が加わってしまったために、すごく塩辛くなってしまったというわけです。

もちろん、アサリの身にも海水が多少入っているのですが、海水がつまっているわけではないので、貝の身そのものがすごく塩辛いということはありません。むしろアサリで気にすべきは、カラにくっついている塩分のほうなのです。

この失敗以来、生徒さんに「アサリを買ってきたらしっかり塩抜きして、カラはよく洗ってから使ってくださいね」と伝えています。

アサリの口を強火で開けようとするから身が縮む

貝の口を強火で開けようとすると、必ず身が縮みます。フライパンに入れたらフタをせずに、弱火のままアルミホイルで軽く覆うのがオススメ。鍋のフタで密閉してしまうと熱がこもりすぎて内部が高温になってしまいます。

アルミホイルだと自然にアルコール分が飛び、水分はゆるやかに蒸発して、いい具合にスープが煮詰まります。アルミホイルは金属ですからとても熱伝導がいい。熱がきれいにまわってくれます。

このまましばらく待ってください。貝の口が開いてきたあたりでパスタをゆではじめるといいでしょう。アサリのほうは口が開いたら、弱火のままで3分から5分そのままにしておいてください。

だんだん水分が出てきて、おいしそうな匂いがしてきます。まだパスタがゆであがっていなかったら、このまま火を止めてほうっておいてください。弱火で加熱して口を開いたアサリは、わざわざバットにあげなくても身が縮みません。それに、しばらくそのままにしておいたほうが、余熱で貝柱に火が通ってカラとの身離れもよくなります。

ただ、慣れないうちはここでアサリをバットかお皿に取り出してしまったほうが、オイルを乳化させるときに混ぜやすくなります。

乳化は泡立て器を左右に動かして

アサリを取り出したフライパンの中には、おいしそうなスープができています。でも、これではまだオリーブオイルとアサリから出た水分やワインなどが分離した状態。ここで火力を中火に上げて、煮汁を沸騰させましょう。

この作業はパスタがゆであがる1分前ぐらいから始めるとちょうどいいと思います。煮汁が沸騰してきたら、そこに仕上げのオリーブオイル（バージンオイル）を加えて、泡立て器でよく混ぜて軽く乳化させてください。

混ぜながら、軽く水分を飛ばして煮詰める感じです。フライパンを左右に振るだけでも乳化させられますが、苦手だったら泡立て器を使うのが一番確実。慣れないうちにフライパンを振ると、オイルと水が分離したままフライパンの中でグルグル回っていたり、オイルが外に飛び出しちゃったりします。

泡立て器をつかうときも、ひとつコツがあります。泡立て器で混ぜるといっても、グルグルかき回すだけでは乳化してくれません。煮汁が一度ワーッとわいてきたら、そこでオイルを入れるわけですが、泡がどんどん出ている状態で、フライパンのやや手前のほうに泡立て器をあて、左右に小さく速く動かしてください。

回すのではなく、先端をフライパンの底につけたまま、同じ場所で左右に混ぜる。こうすると、乳化がすすんでトロリとしてきます。油と水の境界線に「入り口」をひとつつくって、その入口から水が油のように少しずつ入っていくようにしてやるのです。泡立て器を大きく動かす必要はありません。

ペペロンチーノは水分が少ないので乳化させるのは簡単。でも、ボンゴレはアサリのスープ、白ワインなどの水分が入るので、スープを沸騰させたところにオリーブオイルを加え、混ぜながら水分を蒸発させ、しっかり乳化させる必要があります。

アサリによって水分の量も違ってきます。様子を見ながら、煮詰まりすぎているようなら少し水を足します。水分が多すぎるようならもう少し煮詰めればいい。弱めの中火のまま、その間も泡立て器を左右に動かし続けてください。

大事なのは**フライパンの中で油と水分を対流させて、余分な水分を飛ばし、油の粒子と水の粒子をきれいに並べて仲良しの状態にしてやること**です。きれいに乳化すると、時間がたってもすぐに分離することはありません。

最後は強火で水分を飛ばして仕上げる

パスタがゆで上がる20秒ぐらい前になったら、フライパンに先ほどのアサリを戻して強火にします。ふたたび、煮汁がワーッとわいてきたところに熱々のパスタをトングで鍋から移し入れ、強火のまま素早く混ぜればほぼ完成。

最後に火を弱めてしまうと、パスタといっしょにフライパンに入ってくる水分が蒸発せず、乳化もしないのでビシャビシャになってしまいますよ。

仕上げはパセリのミジン切りとコショウを少々。ザッと混ぜたら完成です。


ボンゴレ・ビアンコはペペロンチーノよりちょっと手順が多くなりますが、どちらもあわててつくる必要はありません。パスタというと「とにかく手早く」と焦ってしまう人が多いですが、ソースは先につくって火から下ろしておき、パスタがゆであがる直前に加熱すればだいじょうぶなのです。

ソースのできあがりとパスタのゆであがりの時間をピッタリ合わせる必要はありません。プロは何度も同じものをつくるので同時進行でもピタッと合いますが、家庭でつくるのであれば、それほど効率を考えなくてもいいでしょう。

Recipe

アサリがふっくら!の ボンゴレ・ビアンコ

材料

パスタ	80g前後
塩	水の1.5%（※水1リットルなら15gの塩）
オリーブオイル	小さじ1前後
アサリ	150～180g
ニンニク	2g
赤唐辛子	2分の1～1本
オリーブオイル	ピュアオイル10g・バージンオイル10g
白ワイン	10g
日本酒	10g
イタリアンパセリ	0.5g～1g
コショウ	（お好みで）
パルメザンチーズ、バジルペースト	（お好みで）

つくり方

1 ニンニクはみじん切り、赤唐辛子は種を取り除き、イタリアンパセリはざく切りに
2 アサリは砂を抜きカラをよく洗っておく
3 フライパンにピュアオイルをひき、ニンニク、鷹の爪を入れてから弱火にかける
4 ニンニクが色づいたら、ワイン、日本酒、

アサリを入れてアルミホイルで軽くフタをする

5 アサリは最初のひとつの口が開いてから3〜5分ほど弱火で加熱を続け、アサリだけバットに出す。5分たっても口が開かないアサリは取りのぞく

6 アサリの口が開き始めたあたりで、塩を加えて沸騰させておいた湯にパスタを入れてゆではじめる

7 [5] のフライパンを弱めの中火にして加熱。煮汁が沸騰してきたらバージンオイルを加え、泡立て器でよく混ぜて軽く乳化させる。水分を飛ばしながら煮詰める。煮詰めすぎたら水を足す（早くできすぎたら、ここで火を止めて置いておく）

8 パスタがゆであがる20秒前に、煮汁の入ったフライパン（冷めていたら弱めの中火で再び熱くする）にアサリを戻す

9 熱々のソースとアサリが入った [8] のフライパンに、ゆであがりのパスタをすぐに加えてよく混ぜる

10 パセリを加え、コショウをふって完成

11 パルメザンチーズ、バジルペーストはお好みで

カルボナーラの卵黄は溶かさずに加える

ペペロンチーノのつくり方をご紹介したついでに、カルボナーラもやってみましょう。カルボナーラも教えてほしいという声は、僕の料理教室でもとても多いのです。卵がかたまりすぎたり、生っぽかったりするという失敗が多いようです。レシピもさまざまで、生クリームが多いもの、牛乳が多いもの、卵黄だけでつくるもの、卵白も入れてしまうものなど、実にさまざまです。

卵と水分のバランスは重要で、牛乳や生クリームの量が多すぎるとベチャベチャになり、逆に卵黄が多すぎるとベタベタに。そして温度が高すぎると、すぐさま「いり卵」のようになってしまいます。

どの方法を応用するにせよ、まず基本を押さえておけば絶対に失敗はありません。

ペペロンチーノでも紹介しましたが、パスタはきちんとした塩加減でゆでましょう（ベーコンや生ハムなど、具の塩気が強い場合はやや控えめに）。

冷たいフライパンに、生クリーム、牛乳、生ハムを入れておき、パスタがゆであがる30秒ぐらい前に中火で加熱してください。沸騰してワーッと泡が出てきたら、トングでパスタを鍋から取り出し、そのまま入れます。

一気に強火にしてそのままトングでまぜながらからめてください。からめるのはほんの10秒くらいでしょうか。

からまったら火を止めてしまいます。ここ大事。

パスタの真ん中に卵黄をひとつ、ポンと乗せます。卵黄は溶かず崩さず、そのまま乗せるのがポイント！　あとは落ち着いてゆっくりからめてみてください。グルグルかき回す

火を止めて、卵黄をひとつくずさないように入れてからめていく

のではなく、下のほうからパスタを持ち上げて上のほうへ、という感じです。やってるうちに、サラッとした牛乳の生クリームに、卵黄がすこしずつかたまりながらからんでいくので、トロンとした濃度がついていくのがわかるはず。

ちょうどいい状態になったらこれで完成。僕はここで、黒コショウをたっぷりかけてテーブルに出します。


ベーコンを使いたい場合は、最初に弱火でじっくりいため、一度取り出してから、生クリーム、牛乳と和えます。生ハムならかるくいためてから生クリームと牛乳を。いためたときに出たベーコンの油も使いたい場合は、フライパンごと一度さましてから。ベーコンの代わりに、フライパンで簡単にできる豚ロースの燻製などを使ってもいいでしょう。

パルミジャーノチーズを入れたい場合は、卵黄と同時に入れてください。あとからふりかけたい人はそれでもOK。

いずれのつくり方にせよ、ともかく**卵黄を急激に加熱せず、パスタの余熱でゆっくり和えながらとろみを出していくこと**です。ガンガンに熱くなったフライパンにパスタといっしょにドバッと卵を入れたら、すぐにボロボロのいり玉子になってしまいます。

逆にさめた生クリームをパスタにからめようとすると、いくらかき回しても卵はかたまらず生っぽいまま。あれ？　と思って強火にすると、いきなり卵黄がかたまりはじめて、やっぱり失敗したいり玉子みたいになってしまいます。

ベーコンなどの入った生クリームと牛乳を沸騰させたところにパスタを入れてからめ、火を止めてから卵黄を入れてゆっくり混ぜるという方法ならぜったいに大丈夫。

僕はコレ「釜玉うどん式」と言っています。ゆであげのうどんに、卵を乗せて混ぜながら食べる方法。

カルボナーラの基本は「火加減」ということです。卵黄、卵白ともに使う方法もありますが、卵白は卵黄より低温でかたまりやすいのを忘れずに。卵黄だけでつくったほうが失敗しにくく、濃厚に仕上がります。

Recipe

釜玉うどん式 カルボナーラ

材料（一人分）

パスタ	80g前後
塩	水の1.5％（※水1リットルなら15gの塩）
オリーブオイル	小さじ1
卵黄	1個（17～20g）
生クリーム	20g
牛乳	30g
塩	0.2～0.3g
パルメザンチーズ	8g
ベーコン	40g

つくり方

1 割り箸ほどの棒状に切ったベーコンをフライパンに入れ、弱火でゆっくり3分程度いためる。余分な油はふきとる

2 鍋に湯をわかし、分量の塩、オリーブオイルを入れて沸騰させる

3 パスタを入れて、表示時間どおりにタイマーをかける

4 [1] のフライパンの余分な油をふきとったら、牛乳、生クリーム、塩を加え、ベーコンとともに弱火で1分煮立てる。

5 煮立った [4] に、ゆであがりのパスタを加え、弱火のまま10秒ほど混ぜてから火を止める

6 卵黄をつぶさないまま、パスタの真ん中に落とす。トングでパスタを下から上に混ぜるようにして、卵黄をなじませていく。だんだんとろみがつく
7 少しとろみがついたら皿に盛り、パルメザンチーズ、コショウをふる

Lesson_04

トンカツでわかる、絶対に失敗しない「**揚げ物**」の新常識

トンカツの打ち粉は女性の「ベースメイク」と同じ!?

野菜いために続いて、もうひとつ驚きの調理法をご紹介しましょう。

次のお料理はトンカツです。日本のトンカツは肉厚なロース肉に粗いパン粉をつける場合が多いですが、イタリアのカツレツミラネーゼは仔牛の肉を薄く叩いてのばし、目の細かいパン粉にパルミジャーノチーズを混ぜます。

これがオーストラリアに伝わったのがウィンナーシュニッツェル。どちらも大量の油で揚げるというより、少ない油で「揚げ焼き」にするといった感じです。

今回ご紹介するのは、ごく普通の日本風トンカツ。お肉はロース肉を使います。2、3枚の分量なら、フライパンひとつで一度につくれます。

肉は1人前100～120gで、塩はいつも通り、肉の重さの0・8%。

ほかに薄力粉、卵、パン粉、少量のサラダオイル。それだけです。

肉はとくに筋切りをしたり叩いたりする必要はありません。トンカツもゆっくり加熱してつくりますから、肉が縮んだり反り返ってしまうことがないからです。

さて、0・8%の塩を全体にふった肉に薄力粉をはたきます。ここはできるかぎり、薄くはたいてください。料理用のハケを使うと肉のシワの奥や隙間にまでちゃんと入るので、少量でしっかりつけられますよ。

女性のベースメイクと同じだと思ってください。これがしっかりできていないとお化粧くずれの原因になります。厚塗りにならないよう、ポンポンはたくように薄く、むらなく、シワの奥までしっかりと。ほら、同じでしょ?

トンカツの場合もまったく同じ。粉がむらなく薄く肉に密着していないと、衣もはがれやすくなってしまうのです。

粉をしっかりつけたら、次は卵。溶き卵にサラダオイルを少し入れて混ぜます。これは、油で肉の周囲に皮膜をつくることが目的。それによって、肉の中の油が吸い出されていくのです。油は熱くなるとサラサラになって、より熱い方へ移動していこうとします。**肉の周囲に油をまとわせておくと、加熱するにしたがって肉に含まれる余分な油が外部へと吸い出されていきます**。揚げ物の周囲にまとわりついた油は、さらに高温になっているフライパンの油のほうへと出ていく。

つまり肉の表面に油をまとわせることで、肉内部の脂を表面へ、さらに揚げ油の中へと移動させる。これが、「揚げ物が油っぽくならない」仕組みです。油を控えるより大事なのは、**油を利用して余分な油を落とす**こと。

鶏肉など脂が少なめのものはそれほど気を使わなくてもだいじょうぶですが、サーロインステーキを焼くとき、ロース肉でトンカツをつくるときなどは、ぜひ脂をまとわせてから調理してください。

薄力粉で薄化粧した肉に、サラダオイルを混ぜた卵液をつけましょう。できるだけ、肉には手で直接触れないこと。ベースメイクが崩れてしまいます。竹串を肉に刺して作業するといいでしょう。

崩れかけたベースメイクをパン粉で押しかためようとすると、必ず衣が途中ではがれてしまいます。肉に触れるのはパン粉をつけるときだけと考えてください。ベースメイクがきちんとできていれば、パン粉はしっかりついて揚げている間もはがれにくくなります。

パン粉をつけたら冷たい油を上から注ぐ！

いよいよ揚げていきます。

冷たいフライパンに、深さ1センチぐらいサラダオイルを入れてください。そこに衣をつけたトンカツを静かに入れます。そうしたら、衣の上からさらにサラダオイルを静かに回しかけてください。

油の量は、トンカツの厚みのヒタヒタぐらいまであればだいじょうぶ。油面の上に出ている衣の部分にも油が全体にかかっていれば、準備完了です。

ここで注意していただきたいのが、必ず周囲に油が行き渡るようにすること。もし油が回っていないと、衣がはがれ落ちる原因になります。

野菜いためのときと同じように、衣のついた揚げ物が冷たい油の中に浸かっている姿は、見たことがないと思います。衣が溶けてはがれ落ちないの？　この状態から揚げたら衣が油まみれのベタベタにならない？　と心配になるのもわかります。ところが、そうはなりません。

ここではじめて、コンロに火をつけます。火力は弱い中火。フライパンの底に炎がつきそうでついていない、というギリギリの状態にしてください。

このままの状態で、12～13分かけて油温が130℃になるまで加熱を続けます。油温計でしっかりはかってくださいね。弱い中火で加熱すると、このくらい時間がかかるのです。

ここでは、焼き色はまったくつきません。この温度までゆっくり、じっくり加熱することで、肉の内部にまで低速で火を通すことが目的です。

衣はひととおりかたまります。周囲が白っぽくなってきたら一度裏返しますが、衣がまだ定着しきらず、はがれそうだったらそのままでかまいません。

油の量が少ないのもこの調理法の特徴ですが、節約が目的ではありません。「揚げ油が少ない」というのは、このトンカツをおいしくつくる大事な条件のひとつなのです。

少ない油に肉を入れて加熱すると、少しずつ肉の水分が油に出てきます。油に占める水分量が増えると、130℃のあたりで温度が上がりにくくなります。油が大量だと、肉から出る水分など微々たるものですから、油温の上昇を止めることはできません。

揚げ油が少ないと肉の水分で温度が上がりにくくなり、加熱時間が長くなっても高温になりすぎないのです。12〜13分かけて130℃まで温度を上げると説明しましたが、フライパンの厚み、肉の量、火加減の微妙な違いによって、この時間は変わります。

しかし、15分以上かかっても130℃を簡単に超えることはないので、「何分かかろうが130℃になるまで」と考えてください。

油は、75℃ぐらいで少しずつ下から泡が上がってきます。100℃近くなると泡が盛んに沸き上がってくる。けれど130℃はまだまだ遠い、と思ってください。

130℃を超えたら、一度肉を取り出しましょう。

できたら油は一度こして、パン粉のカスなどを取り除いたほうがいいでしょう。きれいになった油をもう一度火にかけ、ここで200℃以上になるまで温度を上げてください。

そこに、さきほどのトンカツをもう一度入れます。油が跳ねると危険なので、へらや網などにのせてそっと入れてくださいね。30秒ほど揚げて、こんがりきれいな揚げ色がついたらOK。網などに乗せて油を切れば完成です。

この時、肉が油のなかに十分につかる高さが必要です。また、この作業は油がはねやすく、少し危ないので1枚ずつ揚げましょう。1枚につき30秒なので、それほど時間はかかりません。

厚切り肉は45℃で火を止めて3分

うんと厚い肉を使った場合、もう少し時間をかけないと中まで火は通りませんが、「弱火でゆっくり」にも限度があります。こういうときにはいい方法があります。フライパンの温度が上がりはじめて**45℃ぐらいになったとき、一度火を止めてしまう**のです。

仕上げの油は高温なので、網でゆっくり投入する

そのままの状態で3分ほど放置します。肉を柔らかく、縮ませずに焼くには、「45℃前後」をいかにゆっくり通過させるかだと説明しました。45℃で一度加熱を止めることで、この温度帯にいる時間をさらに延ばし、中まで火を通すための方法です。

3分以上たったらまた弱めの中火にして、ふたたびゆっくり加熱を続け、130℃まで温度を上げてください。

この手順でつくれば、衣は油っぽさがなくサクッとしていて、肉はまだロゼぐらいのピンク色を残しているはずです。

Recipe

冷たい油から揚げる絶品トンカツ

材料（一人分）

豚肉	100〜120g（厚さ2センチ前後の厚切り）
塩	肉の重さの0.8％
コショウ	好みで
薄力粉	少量
溶き卵	1個分
サラダオイル	10g（小さじ2）
パン粉	
揚げ油	

つくり方

1 豚に脂身が多い場合のみ、脂身だけ包丁の背で叩くか切り込みを入れる（火が通りにくいため）
2 分量の塩をふり、好みでコショウもふる
3 ハケをつかって薄力粉を薄くしっかりつけて、余分な粉をはたいて落とす
4 溶き卵にサラダオイルを加えてよく混ぜる
5 できるだけ手で肉を触らないようにして、溶き卵をくぐらせる
6 パン粉をつけて軽く押さえる
7 つめたいフライパンに1センチほど油を入れ、パン粉のついた豚肉を入れる
8 上から油をかけ、肉がかぶるところまで入れる

9 弱めの中火にしてフライパンをかける。45℃になったら一度火を止めて3分おく（肉が薄い場合、この手順は省略）
10 再び弱い中火で加熱をつづけ、100℃を超えて周囲が白くなってきたらそっと裏返す。130℃まで温度が上がったところで、肉を網の上に取り出す。木べらやしゃもじを使うと衣を傷つけにくい
11 油を一度こしてパン粉などをとり除き、再度加熱して200℃まで温度を上げる
12 ふたたび肉を油の中にそっと入れ、30秒〜1分ほどで表面がきれいな揚げ色になる
13 取り出して網にのせ油を切る
14 切り分けて好みのソースをかける

Recipe

バルサミコと赤味噌のトンカツ用ソース

材料

赤味噌	30g
バルサミコ	30g
はちみつ	10g
ごま油	1g
コショウ	2ふり
水	10g

つくり方

1 バルサミコを小鍋に入れ、弱火にかけて5分の1になるまで煮詰める
2 味噌をすり鉢に入れて20回ぐらいする
3 煮詰めたバルサミコを加えてさらにすり混ぜる
4 はちみつ、コショウ、ごま油を加えてさらにすり混ぜる
5 水を加えて混ぜたら、全部小鍋に戻して弱火で3分ほど火を通して完成

Lesson_05

カルパッチョでわかる、ワンランク上の「**切り方**」の新常識

味も香りも保存期間も「切り方」で決まる

次のレッスンは包丁の使い方、つまり「切り方」です。

「塩」と「火」は料理の基本。でも実はもうひとつのポイントが「切る」という作業です。塩加減と火加減は、重さや温度、時間をきちんとはかれば、どんなに料理が苦手な人でもプロと同じことができます。

でも「切る」だけは、あるていどのトレーニングと慣れが必要です。

間違った切り方をすると、野菜からは水分が出てベチャベチャになるし、うまみや甘みも逃げてしまいます。煮くずれしやすくなって、日持ちもしなくなる。

ところが正しく切れば、LESSON02で紹介した野菜いためはさらにシャッキリおいしくなります。トマトの角切りだって身がくずれないし、タマネギを切っても涙が出ません。ネギの小口切りは冷蔵庫で5日ぐらい持ちます。

ウソみたいだと思うかもしれませんが、ぜんぶ本当です！

特別な包丁はいりません。スーパーの500円ぐらいのものでも、100円均一の包丁でもけっこうです。

たったひとつだけ大事なのは、「刃がまっすぐ」であること。まな板の上など平らなところに刃を寝かせてピタリと押しつけてみましょう。刃とまな板の間にいっさい隙間がないのが「刃がまっすぐ」な状態です。

切れ味は気にしなくてかまいません。多少刃こぼれがあっても、刃がまっすぐでありさえすれば、まったく問題ないのです。

そして、**ご家庭では包丁を研がないでください**。というのは、包丁はとても繊細な器具なので、素人がガシガシ研ぐと逆にダメにしてしまいます。研ぐという行為が包丁を切れなくしている一番の原因なので、それならまったく研がない方がいいのです。

「正しい切り方」というのは、すごい勢いでキャベツの千切りができるとか、大根のかつらむきが上手だとか、そういう技術のことではありません。

ここでいう「正しい切り方」とは、食材の細胞をつぶさない切り方のことなのです。

曲がった刃を食材に切り込んで動かすと、刃と食材の間にムダな摩擦が生まれます。つまり、野菜も肉も、切り口の細胞がつぶれてしまうのです。

細胞をつぶさない切り方をするために、まず前提となるのが「刃がまっすぐな包丁」を使うこと。その上で、正しい切り方を実践しましょう。キュウリやニンジンでちょっと練習してみてください。

切りものは「フォーム」が一番大事

100円の包丁でトマトをスパッと切るために必要なのは、正しいフォーム、そして正しい包丁の持ち方、構え方、動かし方。

料理は科学と言いましたが、**切りものはスポーツです！** スポーツを身につけるのに一番大事なのは基本姿勢。**正しいフォームで切れば、ムダな力を使わず、体の動きを刃物を通じて効率よく食材に伝えることができます。**

テニスのサービスを考えてみてください。足腰を安定させ、ヒザをやわらかく動かし、肩からヒジ、手、そしてラケットと、全身の動きが連動しなければ強いサービスは打てません。ムチャクチャなフォームで力まかせに打っても、決してスピードのあるサービスは打てないし、どこへ飛んでいくかわかったものではありません。

正しいフォームを身につけた小学生のサービスは、フォームを知らない大人のサービスよりずっと速いでしょう？　切りものも同じこと。正しいフォームさえ知っていれば、女性だっていつもの包丁でラクにカボチャが切れるんです。

ご自宅にあるまな板をちょっと見てみてください。それほど使ってないのに、傷がたくさんついて、そこが茶色っぽくなってたりしませんか？　それは、切るときに力を入れすぎているからです。

力を使わず、包丁の重さと腕の動きだけで切れるようになると、素材が傷まないばかりか、包丁もまな板も傷みません。

【高さの調節】

まず、調理台と身長がきちんと合っているか確認しましょう。ほんとうは、家庭の調理台も調理する人の身長に合わせてつくれるといいのですが、そんなぜいたくも言っていられません。台が高すぎるようだったら調理台の足下に踏み台を置き、台が低すぎて腰が痛くなるようだったら、天板に厚板をもう1枚重ねる、まな板を厚いものに替えるといったことで調節してください。

正しい高さになると、切りものがグンとラクになります。

正しい高さに合わせる

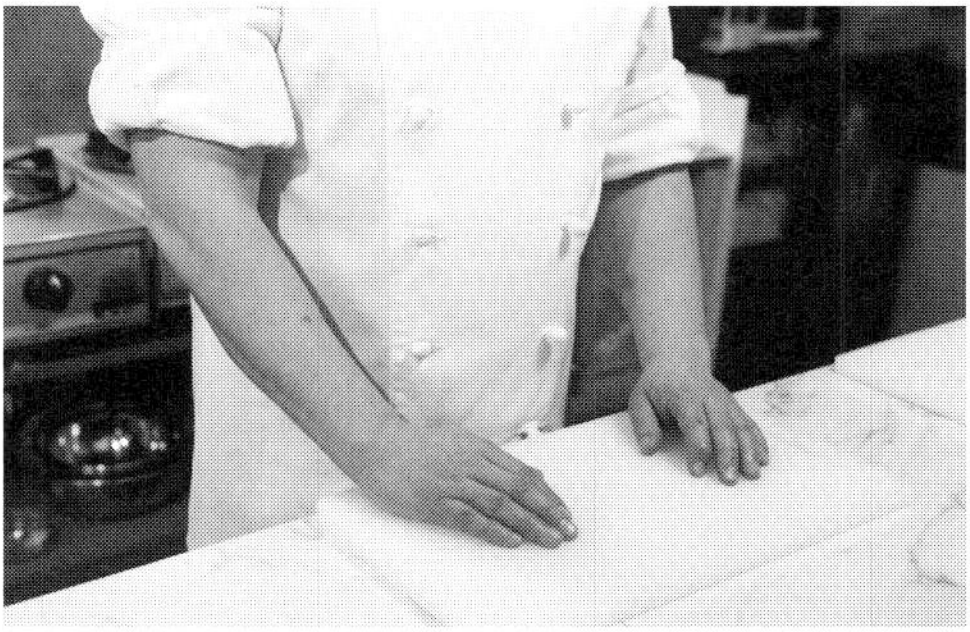

台に向かって両手を伸ばしてまな板に乗せたとき、ヒジが少し曲がって自然に両手がつく状態に。ヒジが伸びきってしまう場合は台が低すぎ、ヒジが折り曲がるようでは台が高すぎる

【包丁の持ち方】

高さを調節したら、包丁を持ってみましょう。ちょっとむずかしいかもしれませんが、包丁は3本指で持ってください。力が入らない？　そう、それが目的なのです。

ムダな力が入らないよう、あえて薬指と小指を使わないようにすると、包丁を「面」ではなく「点」で持てます。すると、刃の重さを利用して食材を切れるようになります。**ムダな力が抜けると、腕の振りがまっすぐ刃から食材に伝わります**。剣道でも、竹刀を握りしめるようなことはしません。「左手は3本指で握り、右手は添えるだけ」と教えられます。ゴルフのクラブ、野球のバットも、両手で握りしめていたら、ナイスショットもホームランも出ません。包丁だって同じことなのです。

[1] 親指と人差し指で同じ場所を両側からかるく持つ

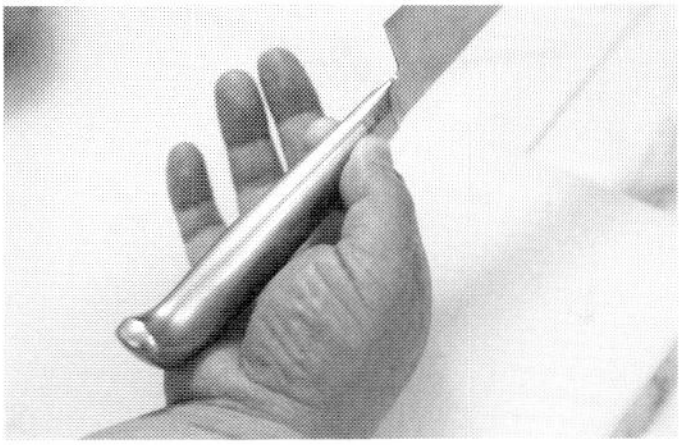

[2] 中指をかける

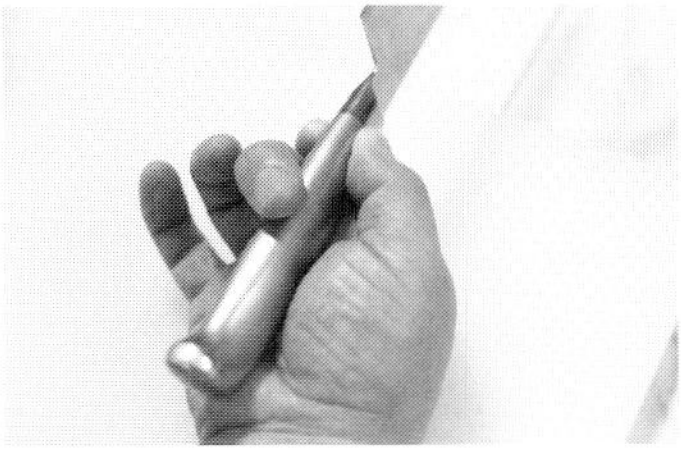

[3] 薬指と小指は使わない

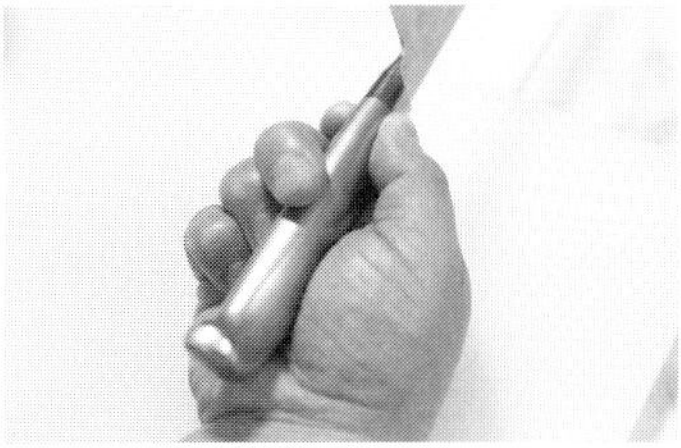

力が入りすぎないよう、親指、人差し指、中指だけで持つ

【正しい構え方】

調理台に対して、少し体をナナメ（約45度）にして立ってください。こうすると、包丁を持った腕をラクに動かすことができます。包丁を持たない側の体は、台にピタッとくっつけましょう。

両肩は水平にします。包丁を持っているほうの肩が上がって、首をすくめるようになってはダメ。背筋はまっすぐ、ムダな力は抜いてくださいね。脇を締め、手首、腕、ヒジはまっすぐです。

包丁を持っている側に体を45度開いて立ち、包丁を持たない側の体は台につける。両肩は水平に保って力を抜く

手首はやわらかく曲げ、ワキをしっかり締めて背筋を伸ばす。包丁の峰（刃を下に向けたとき上になる部分）、手首、腕、ヒジまでをまっすぐに

【正しい切り方】

野球のバット、ゴルフクラブ、テニスラケット——。いずれも、「ここに当たれば一番効率よく力が伝わる」という部分があります。それがスイートスポット。

包丁の場合は、刃先から指二本ほどの部分から、刃の中央から少し手前ぐらいまで。ここを使って切ると、力をもっともスムーズに伝えられます。

このスイートスポットから食材に切り込みますが、まず刃を30度ぐらい立てて、手前から斜め前方に突き出すようにしてください。斜めに差し込む感じです。手首だけを動かすのではなく、ワキを締めたまま、肩を支点にヒジから手首、包丁の柄をまっすぐ押し出していきます。

引くときは食材を切る意識はもたず、単に切り口をなぞって手前に戻すようにします。

まな板に対して約30度で切り込み、斜め前方に突き出すように

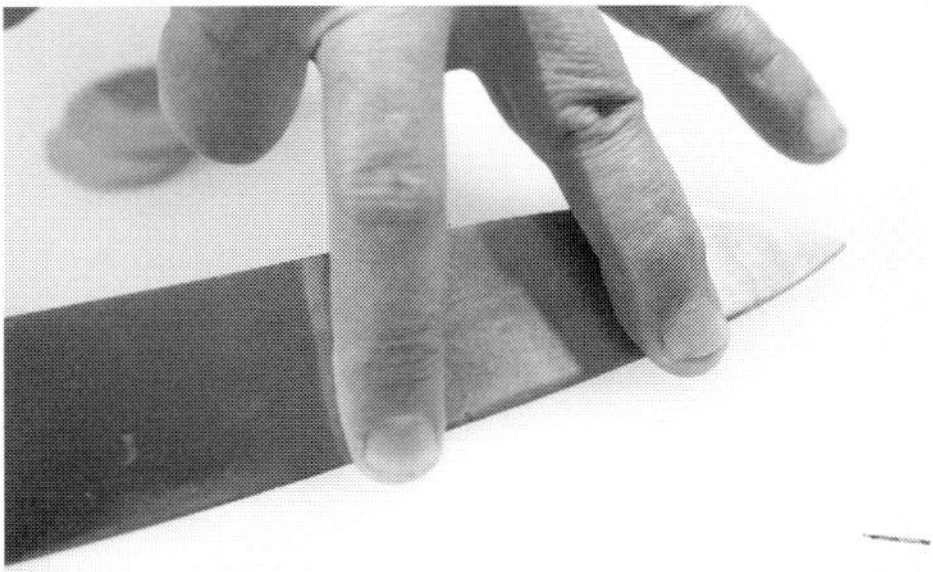

使うのは刃先から指2本分〜中央あたり。ここが包丁の“スイートスポット”

タマネギの細胞をつぶさずに切れば涙は出ない

正しい切り方を覚えれば、タマネギを切ってもほとんど涙が出なくなります。

タマネギをつぶすように切るとなぜ涙が出るのかというと、繊維がつぶれてしまって、水分といっしょにアリシンという成分が出てきてしまうから。それが涙のもとです。

タマネギも生き物。アリシンは、繊維をつぶされたタマネギが出す「やめて〜〜」という叫び声なんですよ。

ところが、細胞をつぶさずにスパッと切ってやると、タマネギは「あれ？　いつ切られたのかしら」という状態になります。水分もほとんど出ないし、アリシンも出ないからいくら切っても涙が出ません。

タマネギのみじん切りをつくるとき、包丁で上からたたくようにして切る人がいます。包丁の先端を左手で押さえ、右手で包丁の手前だけを左右に動かしながらトントンと押し切りしていく方法ですが、あれは最悪。ひたすらタマネギの細胞をつぶしているだけなので、どんどん水分が出ていってしまいます。

プロも似たようなやり方をしているように見えますが、実際はまったく違う動きです。包丁の先端を動かないように押さえつけているのではなく、上から軽く押さえて、そこを支点にして包丁を切り込んでは戻す、というスイング運動なのです。

フレンチの場合は、「つぶしてもいい切り方」と「つぶさない切り方」がハッキリ分かれていて、前者を「アシェ」、後者を「シズレ」と呼びます。これを料理によって使い分けることがおいしくつくるためのポイントです。

普通の包丁より重い中華包丁で叩くように切る方法も、「押し切り」ではありません。真上から垂直に刃を落としているわけではなく、やや角度をつけて切り込んでいるのです。ガンガンやっているように見えますが、包丁をたたきつけているのではなく、重い包丁を手首のスナップで持ち上げて、包丁の重みを調節して切っています。

素材をつぶさずに切れるから、水っぽくならないのです。

上から押し切りしたタマネギは水分といっしょにアリシンが出てとても辛くなるので、水にさらす必要があります。ところが、**正しく切ったタマネギは、そのまま食べても甘みがあります。**

刺身を切るとき「角が立っている刺身はおいしい」と言いますが、タマネギのみじん切りだって、角が立っていればおいしくなる。角が立ったタマネギはいためても焦げにくく、水っぽくなりにくいのです。

トマトの種も角切りにできる⁉

豆腐を手のひらに乗せて切るとき、まっすぐ上から押しつけても手は切れません。でも、ちょっと刃を前後に動かすと手は切れてしまいます。

台所用のスポンジでちょっと実験してみてください。包丁をスポンジに当てて、上からグッと押してもなかなか切れないはずです。でも、「正しい切り方」で刃を入れて切り込めば、スッパリ切れるはずです。

トマトの場合も同じ。皮つきトマトは切りにくいと思い込んでいる人がいますが、それは切り方が悪いだけ。「もうこの包丁、ダメだわ」と思う前に、先ほど紹介したやり方をもう一度やってみてください。

刃元のほうばかり使うと、切っているつもりで押しつぶしているだけになりがち。トマトの皮を上から押してもへこむだけで、本体がつぶれてしまいます。切ってるつもりがつぶしている、の典型です。

30度の角度で斜め下に突き出すようにして切り込めば、難なく切れるはず。こうすれば、「トマトの角切り」も種とまわりのやわらかい部分ごと切れます。

普通の包丁は押し出すときに切って引くときには切りませんが、ペティナイフは引くときに切る、という違いはあります。どちらにしても、「上から押しつぶす」ことは一切しないのが正解です。

切ったニンジンの断面が〝みずみずしい〟のは失敗

ニンジンでもやってみてください。「正しくない切り方」で一度切ってみましょう。包丁を30度ではなく水平にして、刃元のほうを使い、真上から押しつけるようにしてギコギコ押し切りにします。

次は正しい方法で切ってみてください。そのまま1分ほどおいて、ふたつの切り口を比べてみましょう。正しくない切り方をしたニンジンの切り口は、すでに水分がにじみ出てきているはずです。「このニンジン、みずみずしいわ」などと感心している場合ではありません。ニンジンの細胞が包丁で押しつぶされ、水分が出てきてしまっただけです。

一方、スパッと正しく切った方は切り口がなめらかで、水分が出ていないはずです。

どちらのニンジンでつくった野菜いためがおいしいと思いますか？　切っただけで水分が出てしまったニンジンでは、野菜いためは水っぽくベチャベチャ。**切り方が正しい方は、シャキッとした歯触りを残せる**はずです。

この方法を知っていると、魚も上手に切れるようになります。切り方はまったく野菜と同じ。魚は刃で上から押しても切れません。押せば野菜以上に切り口がグチャグチャになります。

カルパッチョなどのそぎ切りは、前方に切り込むのではなく、引くときに切る「引き切り」。野菜を切るときより手首を右に返して刃を倒し、魚の身を上にすくい取るように刃を手前に引いていきます。まな板に向かって刃を切り込むと、どんどん厚くなります。

ちょっとむずかしいかもしれませんが、刺身用のサクを買ってきたら、ぜひ挑戦してみてください。基本は同じ。とにかく「正しい姿勢」「正しい持ち方」、そして手首からヒジをまっすぐにして、ヒジから動かすことです。引き切りは「ヒジをまっすぐ自分のほうに引く」つもりでやってみてくださいね。ワキはしっかり締めたまま！

一回で切れなかったら、刃の往復で切ろうとせず、数回に分けて引くときだけ切ってください。海苔巻きなどを切る場合も同じです。行ったり来たりで切ると、切り口がきたなくなって、海苔巻きの断面がいびつになってしまいます。

カルパッチョは刺身より初心者向き

カルパッチョのレシピを紹介しましょう。

ここまで「正しい切り方」を紹介しておいてナンですが、じつはカルパッチョって、本場ではあえて魚を叩くことが多いのです。味がなじみやすくなるためですが、ということは、ちょっとぐらいつぶれちゃっても問題ナシ！ということです。

ヒラメの薄造りとはだいぶ違うので、包丁初心者向き！

刺身用のサクになっているものを買ってきて、薄くそぎ切りにしてみましょう。どうですか？　え、グチャグチャ？？　まあいいでしょう。1％の塩をふってオイルをかけ、コショウも振りかけてラップをしたら、しばらく冷蔵庫に寝かせておきましょう。

その間にトマトソースとドレッシング、グレープフルーツの用意をして、あとは盛りつけるだけです。

まずタマネギのみじん切り、ショウガのみじん切りをつくります。ちゃんと正しい切り方でやってみてください。サラダオイルをからめたら弱火でいためて、そこにトマトの角切りを加えます。種の部分もスッパリ切れましたか？

トマトを加えたら少し煮詰めて、ビネガー、オイル、塩コショウをしてミキサーにかけてしまいましょう。できあがったら、冷蔵庫で冷やしておきます。

ここまでやったらドレッシングです。今回はすだちの絞り汁とオリーブオイル、ハチミツ、塩だけ。かるく泡立て器で混ぜて乳化させておけばＯＫ。

グレープフルーツの実を出して、ドレッシングで和えます。

これで準備完了。お皿にトマトソースを流し、魚をきれいに並べたらドレッシングで和えたグレープフルーツを乗せて完成です。

トマトソースはオレンジ色できれいでしょう？　遠くでドレッシングのハチミツの甘みもさわやかに感じます。

これはアジなどの青魚でつくってもおいしくできますよ。

Recipe

そぎ切りを練習しながらつくる鯛のカルパッチョ

材料

鯛	70g
塩	魚の重さの1％
コショウ	

トマトソース

タマネギ	20g
ショウガ	1g
トマト	60g
赤ワインビネガー	2g
オリーブオイル	5g
塩	いためたタマネギ＋ショウガ＋トマト＋ビネガー＋オイルの重さの1％

ドレッシング

グレープフルーツ	果肉60～70g
塩	グレープフルーツの0.8％
すだち搾り汁	3g
ハチミツ	2g
オリーブオイル	5g
塩	すだち＋ハチミツ＋オイルの重さの1％
スダチの皮	1個ぶん

つくり方

1 鯛は2〜3mmのそぎ切りに
2 調理台にラップを広げ、皮目を下にした魚を円になるように敷きつめる
3 魚の上にラップをかけて、ラップの上から軽く肉たたきなどで叩いて厚みをそろえる
4 一度ラップをどけて表面に塩コショウをしたらうすくバージンオイルを塗る
5 再度ラップをかけて冷蔵庫で30分置く
6 タマネギ、ショウガはみじん切り。トマトは1cm以下の角切りにする
7 小鍋にタマネギ、ショウガ、サラダオイルを入れて和え、弱火にかけて5分いためる
8 トマトを加えて5分ほど煮詰める
9 ビネガー、オリーブオイルを加え、全体の重量の1％の塩とコショウをふったらミキサーにかける
10 グレープフルーツをくし形に切り、2〜3mmの厚さの小口切りにして塩で和える
11 小さいボウルにすだちの搾り汁、ハチミツ、オリーブオイル、塩をふって泡立て器で混ぜ、トロリと乳化させる
12 [10] と [11] の3分の2を和える
13 トマトソースをしき、冷蔵庫から出した魚をのせたらグレープフルーツのせて、残りのドレッシングをかける
14 すだちの皮をちらしたら、コショウをふって完成

Lesson_06

ブイヤベースでわかる、煮崩れしない「魚料理」の新常識

野菜も魚介類も下ごしらえをていねいに

焼き魚は、多少焦げても身が崩れても、めったに「大失敗」にはなりません。でも、生徒さんの「どうしてもうまくいかない」「キレイにできあがらない」という声が多いのが「煮魚系」。和食でいうならカレイの煮つけ、フレンチならブイヤベースでしょうか。どちらも、煮ているうちに身が崩れてすごく汚くなる、という人がよくいます。

というわけで、次はブイヤベースについて説明します。

ブイヤベースはまさに魚の煮込み。材料は地方によっていろいろ違いがあります。トマトといっしょに煮込んだり、サフランで色と香りをつける場合もあれば、入れない地方もあります。メインの魚は丸のままでも、切り身でもどちらでも。

メバルやイサキ、カマスなどもおいしいですよ。そのほかに今回のレシピで使用した魚介類はホタテ、イカ、ハマグリ、エビ。こんなに種類が多くなくてもいいですよ。メインの魚に、イカとエビぐらいでもじゅうぶんです。ブイヤベースは本来、いくつかの魚だけでつくります。

あとは野菜類。トマト、タマネギ、長ネギ、マッシュルルーム、ジャガイモ、ニンニクを使いました。これもトマトなしにしたり、長ネギを省いたり、ニンジンをくわえたり、と適当に変更してかまいません。これらの野菜を煮て、それをこしてスープをつくり、その中で魚介類を煮込むわけです。

すべての材料を必要な分量だけ用意して、下ごしらえをしておきます。タマネギ、長ネギ、ニンニク、マッシュルームは3㎜スライス。ジャガイモは皮をむいて5㎜のいちょう切り。トマトはヘタだけとって2㎝角に切ってください。あとでこすので、皮はむかなくてもいいです。

鍋にオリーブオイルを敷いて、トマト以外の野菜を全部と赤唐辛子を入れ、弱火で7～8分ゆっくりいためてください。ジャガイモが鍋にくっつきやすいので、最初のうちはよく混ぜてください。ここに日本酒を加え、アルコールを飛ばしながら煮詰めたら、さらにパスティス（アニス、フェンネル風味のリキュール）、水、トマト、タイム、ディルを加えて20分。もちろん弱火で。

使う鍋は、ごくごく普通のものでだいじょうぶ。ル・クルーゼとか、ストゥブとかの高い鍋は必要ありません。**こうした鍋は、ゆっくり火を通すために厚くて重くなっているだけなので、普通の鍋で弱火にして料理すれば同じこと**です。

魚は中までしっかり火を通してから煮れば崩れない

いためた野菜を煮ている間に、魚の下ごしらえをします。

小さいフライパンでも焼きやすいように、丸ごとの魚は3〜4つにブツ切りにします。煮込んだあともとり分けやすいですよ。

焼く直前、魚の重さの0・8%の塩をふったら、冷たいフライパンにオリーブオイルを引き、皮を下にして並べましょう。肉とまったく同じように、弱めの中火でじっくりと。ブツ切りだったら、断面を見て中骨のところまで白くなってきたらひっくり返します。丸ごとだったら、腹側の切れ目を開いて、中心近くまで白くなっていれば裏返してください。反対側を焼いて全体に火が通り、両面ともにいい焼き色がついたら、魚はバットなどに上げておきます。

魚の焼き方はご家庭によっていろいろですが、ブイヤベースの下ごしらえにかぎらず、サンマの塩焼きだろうがブリの照り焼だろうが、肉を焼く時と同様にフライパンひとつあればじゅうぶん。もちろん、焼き網を使ったり魚焼きグリルを使ったり、オーブンを使う方法もありますが、フライパンひとつでも焼けます。焦げすぎてしまったり、身が崩れたり、中が生焼けだったりということもまず起こりません。

イカとエビも、同じようにフライパンで焼きましょう。どちらも重さの0・8%の塩をふり、魚と同じようにオリーブオイルを引いた冷たいフライパンの上に並べ、それから弱火にかけます。イカは表面が白くなったらOK。エビは白っぽくなってオレンジ色が鮮明になったら取り出しておきます。

フライパンの大きさに余裕があれば、ここまでの魚介類はすべて同時に焼いてかまいません。ちょうどよく火が通ったものから順に取り出せばいいのです。有頭エビを使った場合は、いっしょにゆっくり焼きましょう。煮るときにいいダシが出ますし、盛りつけたときの見た目も豪華になります。

ゆっくり加熱すると、エビも背中が丸まりすぎず、視力検査で使う「C」ぐらいの感じで止まります。イカもほとんど反り返らないはずです。

貝類だけは余熱したフライパンで焼く

ただし、ホタテだけはいっしょに入れないでください。

魚もイカもエビもホタテも、調理の目的は「中の水分を保持したまま加熱して、中まで火を通す」ということ。そのためには低温から低速で加熱するのが一番いいのですが、**貝類についてだけは、ちょっと「別枠」**とおぼえておいてください。

表面の温度をゆっくり上げていくと、貝類だけは逆にどんどん水分が出てきてしまいます。しかも、一度出始めるととめどなく。

強火は問題外。温度が高すぎる鉄板の上でホタテを焼いたら、すぐにどんどん水分が出てきます。出てきた水分が沸騰して泡立ちはじめ、すぐ蒸発してフライパンの底には白い膜が張り、さらに焦げてくる。「あ、焦げちゃう〜！」とあわてて食べてみると、中は冷たい状態。じゃあ弱火でもう一度加熱しよう、なんてことを考えても、もうムリ。加熱するほど水分は失われていき、中に火が通るころには二回り以上小さくなって、中はパサパサになっていると思います。

ところが、ホタテは弱火でゆっくり加熱しても水分が失われやすいのです。

そこでちょっとひと工夫。

ホタテにも0・8％の塩をふるのは同じですが、塩をふったままにしておかず、焼く直前に。多すぎると、ただでさえ出やすい水分がもっと出てしまいます。適量の塩でも、ふってから放置すると身の水分が出てパサつく原因にもなるので、「直前」「適量」を守ってください。なお、**魚の身に塩をふることで水分は外に出ますが、臭みを抜く効果はほとんどありません。**

ホタテは、貝柱についている白く小さい部分をはずしてください。まずこの部分だけフライパンに乗せて弱めの中火にかけましょう。小さい部分の様子でフライパンの温度を知るためです。弱めの中火でしばらく加熱すると、だんだん小片が白っぽくなります。

さらに加熱を続けると水分が少し出てきますが、その水分がちょっと茶色く変わってきたあたりがちょうどいい温度。ここでホタテを全部フライパンに入れてください。

ジュッと音がするくらいの温度になっています。そのまま動かさずに加熱してください。側面を見ていると、だんだん下の方から色が変わって白っぽくなっていきます。半分以上色が変わって、フライパンと接している面にいい焼き色がついてきたら、ひっくり返して反対側も焼きます。

ホタテの割れ目の奥から水分が少し染み出してきて、表面に焼き色がついたら火が通っています。すぐにフライパンから出しておきましょう。この焼き方はカキも同様です。

これで、ほとんど水分を出さずに焼けました。このまま食べてもおいしいですが、ちょっとガマンしましょうね。

ポイントは、**あとからしっかり煮る料理ほど、煮る前にしっかり火を入れておくこと。**

どうせ後から煮るんだから中が生でもだいじょうぶ、と思いがちですが、水分の中で加熱すると、フライパンで弱火で加熱するより温度が上がりやすくなります。

特に少量の水分、スープで煮ると温度が急激に上がってしまい、それが身の縮みなどにつながるのです。鮮度がいいからといって、表面だけ焼けばいいわけではありません。

塩は、それぞれの素材ごとに0・8％と説明しましたが、これはまとめてはかって、まとめてふってしまってもだいじょうぶ。つまり、全魚介重量の合計の0・8％をはかり、すべての素材を並べてまんべんなく塩の全量をふり、手でなじませてから焼いてもいいのです。焼いていくうちなじんでしまうので、個々に塩味をつけなければならないわけではありません。ただし、くれぐれも、焼く直前に振ってください。

ミキサーにかけすぎるとスープがドロドロに

そろそろ、野菜のほうもやわらかくなっているでしょう。あとは野菜をこしてスープにするだけです。僕はここで、ムーランというこし器を使います。これなら、やわらかくなった野菜を押しつぶしながら簡単にこすことができます。ムーランを持っている方は少ないでしょうから、その場合は煮た野菜を5〜7秒ぐらいミキサーにかけてから、ザルなどでこしてください。あまり細かい裏ごし器を使う必要はありません。こして残ったトマトの皮などのカスは捨てます。

それ以上ミキサーにかけると、ドロドロのスープになってしまいます。とくにジャガイモが入っている場合、ミキサーは短めに。ムーランだとドロドロにならず、サラッとしたスープになります。大事なのは、食材を潰してこすこと。これで風味が出ます。

こしたスープの重さをはかり、ここで初めてスープに塩味をつけます。分量はスープの0・8%。さらにサフランを加えましょう。

塩とサフランを入れたスープを鍋に戻し、そこに用意してあった魚介類をすべて入れます。アルミホイルで落としぶたをして、最初は弱めの中火、5分ぐらいで煮立ってきたら弱火にして10分ほど。けっして強く煮立てないように煮込みます。

最後に加えたサフランは、もっと香りを強く出したい場合はオーブンで温めたり、軽くフライパンでいってから使ってください。僕はあまり香りが強くなりすぎないようにしたいので、そのままパラパラと入れています。

これでできあがりです。

さらに複雑な味を楽しみたかったら、マヨネーズとニンニクとパプリカをつかったソースをつくり、ちょっとずつブイヤベースに加えて食べてみてください。味にグッと深みが出ますよ。

マヨネーズも「乳化」によってつくるもの。

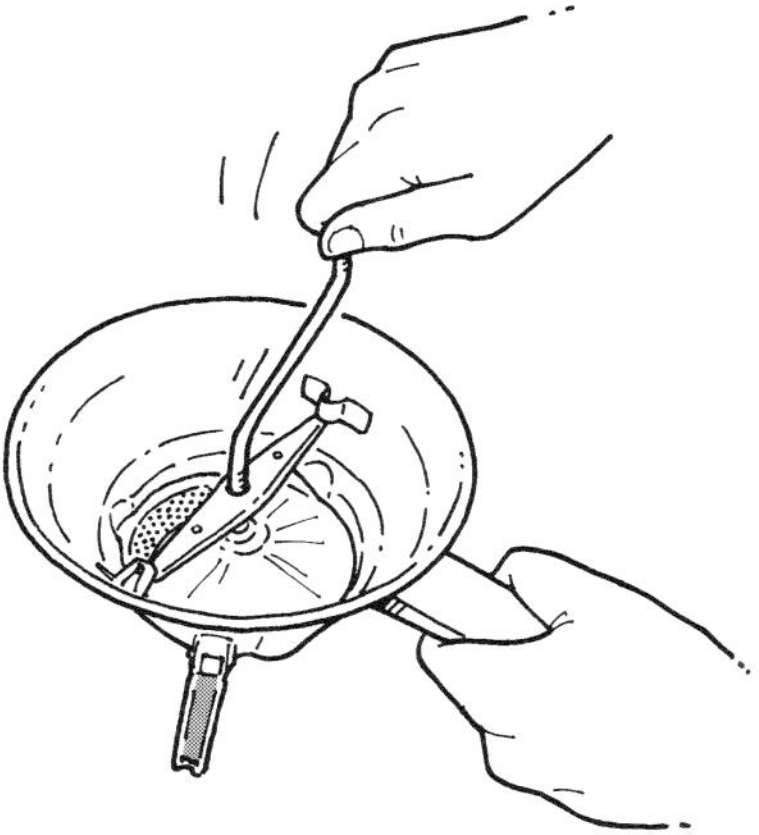

ムーランでこすと、スープがサラッとする

オイルと卵黄で自分でも簡単につくれるので、ここで紹介しておきましょう。とても簡単に少量でもつくれて、さまざまなソースやドレッシングのベースになります。

使う分だけつくるなら、卵黄1個に対してオイル80cc程度でいいと思います。日本の市販マヨネーズはかなり酸味が強く卵も比率が多いのですが、フランスのマヨネーズはだいぶ様子が違います。オイル2リットルに対して卵黄は1個ぐらいというときも。酢などは入れません。しっかり乳化したマヨネーズを常温で保存し、使うときに少しずつ別の調味料を加えて楽しむのです。

たとえばレモン汁で割る、焼き塩を加える、ワインビネガーを加える——。レモンを加えたマヨネーズに少し醤油を加えれば和風になりますし、さらに柚子コショウを少しプラスするのもいいでしょう。味が濃くなりすぎたら牛乳で少し調整します。

メープルシロップやハチミツで少し甘味をつけても楽しいですよ。ガラムマサラを加えて肉や魚のソースにつかったり、麺つゆとごま油を加えれば中華風ドレッシング。こうやって、ひとつのマヨネーズにいろんなものを加えながら、遊んでみてください。

マヨネーズは泡立て器をつかうと、ハンドミキサーで攪拌《かくはん》するよりずっとなめらかで口

Recipe

マヨネーズ&パプリカのソース

材料

卵黄	10g
オリーブオイル	80g
赤ピーマン	4分の1個
ニンニク	2分の1かけ（すり下ろしたもの）
カイエンヌ	微量

つくり方

1 卵黄とオリーブオイルを合わせて泡立て器で混ぜて乳化させ、マヨネーズをつくる

2 赤ピーマンの皮にサラダオイルを塗り、170℃のオーブンで20分焼いて皮をむく。焼くときは丸ごとピーマンのヘタ側を切り落とし、種を取り去ったら、切り口を下にしてオーブンの天板にヘタを下にしてポンと置くだけ

3 赤ピーマンとニンニクのすりおろしをミキサーにかけ、ピュレ状にする

4 ［3］とマヨネーズを合わせ、その重量の0.8%の塩とカイエンヌを混ぜたら完成

溶けのいいものになりますよ。

ブイヤベースのソースとして使うなら、マヨネーズにすりおろしのニンニク、赤ピーマン（パプリカ）を加えたものがオススメ。パプリカをペースト状にした瓶詰めも売られていますが、オーブンで焼いてミキサーにかけるだけなので、つくってみてください。

ベースになるマヨネーズとパプリカを混ぜればソースも完成。

このソースは子羊のローストや、魚のソテーのソースとしても使えます。黄色のピーマン、オレンジのピーマンを使って2色つくり、合わせて使うととてもきれいです。

ブイヤベースにガーリックトーストとソースを添えて食卓に出しましょう。魚介とスープは一緒に食べてももちろんいいですが、具とスープを別に盛りつけるとさらに楽しみが広がります。トーストにソースを塗り、スープをつけながら食べてもいいし、ソースをつけたトーストをスープに沈め、くずしながら食べてもいいでしょう。ソースが加わるととても複雑な味になって、白ワインがどんどん進むこと間違いなしです。

Recipe

煮崩れなしの
絶品ブイヤベース

材料

野菜スープ

タマネギ	50g
長ネギ	50g
マッシュルーム	30g
ジャガイモ	50g
トマト	140g
ニンニク	10g
日本酒	200g
パスティス	10g（なければ少量のフェンネルか八角）
水	350g
塩	3.8g（またはスープの煮上がりの0.8%）
タイム、ディル	各2枝
サフラン	0.08g
赤唐辛子	1本

魚介の具

魚	240g（メバルなど）
イカ	80g
有頭エビ	25～30g（4尾）
ハマグリ	中4個
ホタテ	50～60g

ガーリックトースト

バゲット	8mm厚を6枚

ニンニク　2分の1かけ

つくり方

1 タマネギ、長ネギ、ニンニク、マッシュルームは3mmのスライス。ジャガイモは5mmのいちょう切り。トマトはヘタだけをとって2cmの角切りにする
2 ハマグリはカラを洗う
3 イカは胴、頭を分けて内臓をとり出し、軟骨はとりのぞく。スミ袋は取り外し、内臓は捨てずにとっておく。胴を2cmの輪切りに
4 エビの胴体の部分だけカラをむき、背わたをとる
5 魚は6cm程度に切る。骨つきのものは骨ごと筒切り
6 鍋にオリーブオイルを引いて、ジャガイモ、タマネギ、長ネギ、マッシュルーム、赤唐辛子を入れ、油を全体にからめてから火をつけ、弱火で7〜8分いためる
7 [6] に日本酒を加えてアルコールを飛ばしながら半量に煮詰める
8 パスティス、水、トマト、タイム、ディルを加えて弱火で20分煮る
9 [8] からタイムの枝を取りのぞき、5〜7秒ミキサーにかけてから、ザルなどでこす
10 [9] の重さをはかり、0.8％の塩を加えて最後にサフランを入れる

11 魚の表面全体に0.8％の塩をふり、フライパンにオリーブオイルを引いたら皮目を下にして並べ、弱い中火～弱火で全体に火を通して、バットにあげておく

12 イカとエビも0.8％の塩をふり、オリーブオイルを引いたフライパンで弱火で加熱。イカは表面が白っぽくなればＯＫ、エビは表面が白くなりオレンジが鮮やかになったらＯＫ。どちらもバットにあげる

13 ホタテも0.8％の塩をふる。ホタテについている白い部分だけをフライパンに乗せて弱い中火にかけ、焼き色がついたところで全体をフライパンに入れて上下に焼き色をつける

14 スープの中に魚介類すべてを入れて、落としぶたをして弱火にかけ15～20分煮込む

アクアパッツアは蒸し料理

ブイヤベースとちょっと似た料理にアクアパッツアがあります。でも、一見似ているだけで、**アクアパッツアは「煮魚」というより、むしろ「蒸し魚」**です。

ブイヤベースは具の魚介を最初に楽しみ、その後からスープを楽しむというものですが、アクアパッツアは焼いた魚介類に水を加えて強火で加熱し、その水蒸気で一気に蒸し上げる料理。だから、できあがりのお皿にスープがたくさん残るということはありません。

まったく違う料理ですが、共通項は「魚を上手に焼いておくこと」。そうしないと、ブイヤベース同様、煮崩れしたりかたくなったりします。

アクアパッツアに使う魚は、メバル、キンキ、イサキ、スズキなどお好みで。見た目が豪華なのはやはり1匹丸ごと使えるサイズのものでしょう。ウロコを落としてエラと内臓を抜いたら、中を洗ってしっかり水気をふき取ります。ここも、全体に0・8％の塩をふりましょう。

魚以外に用意するのは、アサリ、ミニトマト、オリーブ。あとはケッパー、パセリ、バジルにレモンなどですから、ブイヤベースよりずっとシンプルです。

ミニトマトを横半分に切り、塩をしたら140℃のオーブンで30分加熱してください。めんどうに思うかもしれませんが、このひと手間で味がグンとよくなります。

砂抜きしてよくカラを洗ったアサリを用意し、パセリやバジルはみじん切りでスタンバイ。

準備ができたら冷たいフライパンにサラダオイルを引き、魚を乗せます。ここはブイヤベースと同じです。弱い中火〜弱火でじっくりゆっくり加熱。盛りつけたとき表になるほうを下にして焼くと、きれいに仕上がります。

半身まで白っぽく色が変わったら、少しだけサラダオイルを足して反対側もこんがりと。焼けたらそっとお皿に取り出しておきましょう。しっかり焼いても、手荒に移動すると皮がはがれたり身がくずれるので、そっとそっと。

フライパンにアサリ、水、オイルを加えて、アルミホイルで落としぶたをします。弱い中火で加熱してアサリの口が開いたらホイルをとり、魚とトマトを投入。ここで一気に強火で加熱です。

強火なんて、めずらしい？　僕だって、必要なときはちゃんと使います。アクアパッツアとは、水がパチパチはねるようにして仕上げるという意味をもっています。大いに水をはねさせて、さっと蒸し上げましょう。

強火にすると水分はどんどん蒸発していきます。フライパンのオイルが白濁して煮立ってきたら、さらに水を加えます。火力はずっと強火で！　煮立てながら煮汁をお玉でかけながら、30秒ほど加熱を続けてください。

最後にパセリ、バジル、種抜きオリーブ、ケッパーなどを加えて、さらに20秒加熱したら完成です。レモンを搾って、さあどうぞ！

Recipe

魚のうまみを完全に引き出す アクアパッツア

材料（一人分）

魚	1匹（200～250g・メバル、イサキ、カマス、アジなど）
塩	魚の重さの0.8％
ミニトマト	50g（約6個）
塩	トマトの0.7％
アサリ	100g
水	50～60g
種抜きオリーブ	15g
ケッパー	5g
パセリ	2g
ピュアオイル	20g
バージンオイル	10g
レモン	6分の1（くし形）

つくり方

1 アサリは砂抜きをしてカラをよく洗っておく

2 トマトを横半分に切り、重量の0.7％の塩を切り口にふって140℃のオーブンで30分加熱

4 パセリとバジルをみじん切りにする

5 魚のウロコを落として内臓とエラをとり、水で洗ったらよく水気をふく

6 魚の表面に塩をふる
7 フライパンにサラダオイル（分量外）を少量ひき、魚を乗せて弱い中火〜弱火で焼き始める
8 半身が白くなってきたら裏返して焼く。足りなければサラダオイルを足してから。反対の身も火が入るまで加熱する
9 香ばしく焼き上がったら、そっと取り出しておく
10 フライパンの油をふきとり、アサリ、水30g、ピュアオイルを加え、アルミホイルで落としぶたをして弱火で加熱
11 アサリのフタが大方開いたらホイルを外し、魚とトマトを加えて強火に
12 水分が蒸発し、オイルが白くなり煮立ってきたら残りの水を加え、強火で煮立てながら魚に煮汁をかけつつ、さらに30秒加熱（パチパチ水がはじけるように）
13 パセリ、バジル、オリーブ、ケッパーを入れて強火のまま20秒加熱を続ける
14 盛りつける

青春新書 PLAYBOOKS

人生を自由自在に活動《プレイ》する

人生の活動源として

いま要求される新しい気運は、最も現実的な生々しい時代に吐息する大衆の活力と活動源である。

文明はすべてを合理化し、自主的精神はますます衰退に瀕し、自由は奪われようとしている今日、プレイブックスに課せられた役割と必要は広く新鮮な願いとなろう。

いわゆる知識人にもとめる書物は数多く窺うまでもない。

本刊行は、在来の観念類型を打破し、謂わば現代生活の機能に即する潤滑油として、逞しい生命を吹込もうとするものである。

われわれの現状は、埃りと騒音に紛れ、雑踏に苛まれ、あくせく追われる仕事に、日々の不安は健全な精神生活を妨げる圧迫感となり、まさに現実はストレス症状を呈している。

プレイブックスは、それらすべてのうっ積を吹きとばし、自由闊達な活動力を培養し、勇気と自信を生みだす最も楽しいシリーズたらんことを、われわれは鋭意貫かんとするものである。

―創始者のことば― 小澤和一

著者紹介

水島弘史〈みずしま ひろし〉

フランス料理シェフ、料理研究家。1967年、福岡県に生まれる。大阪あべの辻調理師専門学校および同校フランス校卒業後、フランスの三つ星レストラン「ジョルジュ・ブラン」で研修。帰国後、渋谷区恵比寿のフレンチレストラン「ラブレー」に勤務、1994年より3年間シェフを務める。2000年7月に恵比寿にフレンチレストラン「サントゥール」を開店。後に「エムズキッチンサントゥール」と改め、2009年4月まで営業。現在は、水島弘史の調理・料理研究所を主催し、すべての料理に通じるプロのルールを伝えている。

野菜《やさい》いためは
弱火《よわび》でつくりなさい

青春新書 PLAYBOOKS

2013年 7月1日 第1刷

著者 水《みず》島《しま》弘《ひろ》史《し》

発行者 小澤源太郎

責任編集 株式会社プライム涌光

電話 編集部 03(3203)2850

発行所 東京都新宿区若松町12番1号 〒162-0056 株式会社青春出版社

電話 営業部 03(3207)1916 振替番号 00190-7-98602

印刷・大日本印刷 製本・フォーネット社

ISBN978-4-413-01991-0